KB210135

성서를 열다

우리에게 다가오는 불가해한 세계 앞에서

토머스 머튼 지음 · 정다운 옮김

Opening the Bible

성서를 열다

우리에게 다가오는 불가해한 세계 앞에서

토머스 머튼 지음 · 정다운 옮김

빛아

|차례|

서문

1966년 12월, 랍비이자 성서학자인 아브라함 요수아 헤셸 Abraham Joshua Heschel[*]은 타임 라이프 출판사Time Life Books의 종교 고전 출판 기획에 대해 논의하고자 겟세마니 수도원에 있던 토머스 머튼에게 전화를 걸었다. 이 기획을 머튼은 간접

---

[*] 아브라함 요슈아 헤셸(1907~1972)은 미국의 유대교 랍비이자 신학자, 종교철학자다. 폴란드에서 태어나 베를린 대학교에서 박사학위를 받았으며 나치의 유대인 박해를 피해 영국으로 갔다가 1940년 미국으로 망명했다. 이후 히브리 유니온 대학교를 거쳐 1946년 뉴욕 유대 신학교의 교수가 되었으며 세상을 떠날 때까지 그곳에서 유대교와 신비주의를 가르쳤다. 중세 유대 철학, 카발라, 하시디즘 연구 등 유대교의 다양한 흐름을 연구했으며 특히 그의 예언자 연구는 유대교를 넘어서 그리스도교권에서도 고전적인 저작으로 읽히고 있다. 그리스도교와 유대교 사이의 대화에 힘을 쓰기도 했으며 시민 인권 운동에 참여하기도 했다. 주요 저서로 『예언자들』The Prophets(삼인), 『안식』The Sabbath(복 있는 사람), 『사람은 혼자가 아니다』Man is Not Alone(한국기독교연구소) 등이 있다.

적으로 접했고 그로 인해 약간의 혼선이 발생했다. "대중매체가 주관하는 거창한 기획"이라는 점에서 반기지는 않았지만, 그는 기획에 대해 좀 더 알고 싶어 했다.[1]

이내 머튼은 타임 라이프 출판사에서 펴낼 종교 고전 시리즈 중 '성서' 판을 위해 「성서를 열다」Opening the Bible라는 제목으로 일종의 서론을 집필했다. 몇 가지 이유로 1967년 이 기획은 중단되었지만 같은 해 9월 머튼은 초고를 작성했고, 대림절에 이르러서는 (많은 내용을 삽입하고 추가한) 원고를 완성했다. 이 원고는 현재 켄터키주 루이빌 벨라민 대학에 있는 토머스 머튼 연구소가 소장하고 있다.

헤셸에게 "제가 성서에 대해 가치 있는 글을 쓸 수 있을지 진심으로 의심스럽습니다. 저는 전문가가 아니기 때문입니다"라고 말한 것을 보았을 때 머튼은 다소 떨리는 마음으로 「성서를 열다」를 썼던 것으로 보인다.[2] 하지만 이러한 우려에도 불구하고, 결국 그는 자신의 성숙한 신학적 성찰과 유머 감각을 녹여내 탁월한 글을 남겼다.

머튼은 성서는 "어떤 허풍도 칠 수 없는" "위험한 책"으로

---

[1] Thomas Merton, 'Letter to Abraham Heschel, December 12, 1966', *The Hidden Ground of Love* (New York: Farrar, Straus, Giroux, 1985), 435.

[2] 위의 책, 435.

독자들을 분노하게 만들고, 당혹스럽게 하며, 때로는 지루하게 만든다고, 그들에게 모욕감을 안긴다고 지적한다. 그는 성서를 하느님의 말씀으로 대하는 일부 독자조차 성서보다 텔레비전 광고에 쉽게 몰입하는 경향이 있음을 알았다.

그렇다면 이 '하느님의 말씀'은 무엇인가? 머튼에 따르면, 하느님의 말씀은 맹목적으로 받아들여야 하는, 이렇게 하라, 혹은 저렇게 하라고 명령하는 인위적인 체계가 아니다. 오히려 하느님의 말씀은 우리를 해방시키고 변혁하는 힘을 지닌 말이다. 성서를 향해 "이 책은 무엇인가?"라는 독자의 질문에 성서는 "이 책을 읽는 당신은 누구인가?"라는 질문으로 응답한다. 바로 이것이 성서가 지닌 힘이자 그 힘의 기반이다. 성서가 전하는 메시지는 독자가 자신의 참된 정체성을 파악하는 것과 관련이 있다. 그리고 이 과정은 하느님을 확인하고, 그분과 상호 관계를 맺는 과정을 포함한다.

성서를 향한 질문을 멈춘다면, 그리하여 성서가 우리에게 던지는 질문을 받지 않는다면 우리의 성서 읽기는 더는 진지하지 않게 될 것이라고 머튼은 경고한다. 불신자조차 이런 성서를 향한 질문의 태도를 가진다면 그는 성서가 전하는 메시지의 새로운 측면을 발견할 수 있다. 성서는 독자의 인격적인 참여를 요구한다. 그리고 이렇게 참여할 때 그는 예상치 못한 결론과 마주할 수 있다. 이러한 맥락에서 성서가 우리에게 무엇을 말한다고 미리 상정한 사람이 오히려 성서가 실제로 일으키는 논쟁을 회피하는 경향이 있다는 건 그리 놀랍지 않다.

머튼은 성서가 지닌 능력에 대한 성서의 증언과 "공식적인 신앙의 틀 밖에서" 성서를 읽는 이들에게 성서가 미친 영향을 엮어 자신의 주장을 개진한다. "공식적인 신앙의 틀 밖에서" 성서의 메시지에 진지하게 반응한 예로 그는 이탈리아 영화감독 파졸리니, 정신분석학자 에리히 프롬, 소설가 윌리엄 포크너의 작품을 언급한다.

머튼은 긴급함에 대한 감각을 지니고 이 책을 썼다. 실제로 우리가 살아가는 이 시대는 영적인 위험, 현세의 위험으로 가득 차 있다. 이런 가운데 머튼은 성서에서 "이 세계에서 우리를 구출하는 확실한 처방전"을 찾으려는 시도를 거부하라고, 대신 예측할 수 없는 시대의 도전에 응답하고, 결단하기 위해 분별력을 가지고 성서를 읽으라고 촉구하고 있다.

1985년 10월,
미시간주 앤아버에서
로버트 E. 스톤 2세

성서는 어떤 책인가?

　'성서는 어떤 책입니까?' 그리스도교인과 유대교인 그리고 무슬림은 한목소리로 '이 책은 여느 책과는 다르며 인간의 운명이 바로 이 책에 달려 있다'고 주장합니다. 성서가 어떤 책이냐는 물음에 답하려면 현대인들에게는 터무니없는 이야기로 들리는 이 주장을 먼저 살펴보아야 합니다.

　그들의 주장은 사뭇 진지합니다. 하지만 이 주장을 터무니없다고 여기는 이들의 분노 역시 그렇습니다. 성서를 이해하기 위해서는 이 둘 모두와 마주해야 합니다. 어느 한쪽도 소홀히 해서는 안 됩니다. 성서는 인간의 정신에 상처를 내며, 당황하게 만들고, 놀라게 합니다. 성서를 여는 독자는 혼란과 방향을 잃은 듯한 혼돈, 이해되지 않는 불편과 고통, 때로는 모욕감을 느낄 각오를 해야 합니다.

성서는 본래 마뜩잖은 책입니다. 이제껏 기록된 모든 책 중에 가장 불편한 책입니다. 독자가 매우 특별한 방식으로 이 책을 받아들이기 전까지는 분명 그렇습니다. 그런데 그 '받아들임'이 쉽지 않습니다. 차라리 성서가 '거룩한 책'이라는 다른 누군가의 말을 그냥 믿고, 모든 의문이 해결된 척, 의문을 풀려 하지도, 의문에 깊이 연루되지도 않는 편이 쉬울지 모릅니다. "교회에서 마음껏 읽으시죠" 하며 성서를 거룩하다고 말하는 이들을 존중하고, 그들이 존중하는 그 책을 존중하면서 성서를 '그들의 책'으로 내버려 두는 겁니다. '그들'이 그 책을 읽도록, 때로는 존중을 담아 '그들'의 독해를 들어주고, 어쩌면 얼마간 '그들'이 읽는 식을 따라 그 책을 읽어볼 수도 있겠습니다.

그렇게 우리는 애초부터 성서와 짐짓 거리를 두려는 경향이 있습니다. 신자들조차 그렇습니다. 우리는 다른 사람들의 성서에 관한 주장을 고려하면서 조심스레 성서에 다가갑니다. 이 주장을 완전히 무시할 수는 없습니다. 하지만 그건 '그들의' 주장입니다. '그들'은 성서 자체가 우리에게 자신을 알리기 전에, 성서의 요구사항들을 알려줍니다. 우리의 필요가 무엇인지, 무엇이 궁금한지를 우리 자신이 정하기도 전에 말입니다.

그러니 '그들'의 주장을 그대로 받아들일 필요는 없습니다. 우리에게는 성서에 관한 교회의 모든 공식적인 주장, 교파의 주장을 무비판적으로 받아들일 의무가 없습니다. 우리는 용기 있게 우리를 향한 성서의 주장과 성서를 구실 삼아 자신을 위하는 주장(이 주장이 겉으로는 더 거창하게 들립니다)을 구별해야 합니다. 이 책에서 후자에 관해 논의하지는 않을 겁니다. 다만 그러한 주장이 존재하며, 성서 자체가 제기하는 물음보다 한층 거창한 문제들로 성서를 에워싸려는 경향에 대해 인정할 필요는 있겠습니다.

모든 논의를 시작하기에 앞서 성서가 '하느님의 말씀'이라는 근본 주장의 의미를 명확히 해야겠습니다. 이는 성서가 세속적인 것과 완전히 동떨어진, 영원으로부터 온 메시지를 담은, 시공의 한계 너머 '저세상'에서 날아온 것이라 주장하며 이 세계를 업신여기라는 선포가 아님을 이해해야 합니다. 성서는 이 세상을 부인하지도, 인간을 거부하지도, 시간과 역사를 부정하지도, 세속 세계에서 인간이 행한 모든 일과 역사를 모조리 정죄하지도 않습니다. 성서는 세계 밖 저 어딘가로부터 날아와 사람에게, 또 역사에 무언가를 덧붙이는 것도, 은밀히 숨겨져 있는 부가적인 의미를 추가하는 계시도 아닙니다. 우리가 일상에서 관심을 기울이는 것들과 평범한 생계 따위를 훌쩍 넘어서는 그런 것, 필요는 없지만 받아들이긴 해야 하는 그런 것, 우리에게 친숙한 보통의 현실, 우리에게 유의미해 보이는 현실보다 우선해야 마땅한 비범한 것을 전하는 책이 아닙니다.

즉 성서가 하느님의 말씀이라는 말은 이런 의미가 아니라는 겁니다.

그럼요. 당신은 평범한 세계에서 동료들과 함께 평범한 삶을 살아가지요. 그런 세계도 있습니다. 그렇지만 이 세상은 악하고 당신은 하잘것없는 존재입니다. 그러한 현실을 살며 그 세계의 규칙을 따르더라도 당신은 완전히 새로운 진리에 대해 신중히 배워야 합니다. 이 진리는 당신 눈에 무의미하게도, 불가해하게도 보일 겁니다. 그렇지만 당신이 이성으로 알고 있는 것, 보고 있는 것에 이 낯선 상부구조를 덧붙여야 합니다. 이제 당신은 두 세계를 동시에 살아가는 겁니다. 하나는 보이는 세계이고, 하나는 보이지 않는 세계입니다. 하나는 이해가 되는 세계이고, 하나는 불가해한 세계예요. 하나는 친숙한 세계이고 다른 하나는 기이하고도 낯선 세계입니다. 한 세계는 당신이 당신 모습 그대로일 수 있는 세계이지만 다른 한 세계는 '선해지려' 애쓰고 분투해야 하는 세계입니다. 당신이 이 세계를 진짜로 감지한다 해도 진실로 진짜인 다른 세계를 위해 당신이 진짜라고 느끼는 이 현실 세계와는 절연해야 합니다. 보기에 완전히 불필요해 보여도 '진실로 진짜인 세계'가 진짜이기 때문입니다.

이렇게 이 세계와 저 세계를 구획 짓는 파괴적인 사고방식은 성서가 전하는 이야기와 무관합니다. 오히려 성서의 메시지는 일치와 화해이며 이 세계와 저 세계 모두를 아우르는 긍정입니다. 실재하는 것 중 어느 하나도 배척하지 않는, 모든 존재에게 받아 마땅한 대우를 선사하는, 궁극적 의미를 부여하는 계시, 성서는 바로 이 계시를 선포합니다. 그러나 우리는 종종 성서를 일방적으로 왜곡해 우리 삶의 '일부'에 관한, 좁은 영역에 국한된 책으로 여기며 하느님의 메시지를 그분이 만드신 세계와 인류 역사, 시간과 단절시킵니다. 현실을 닫아걸고 '거룩하고 독실한' 이들의 영역에 성서를 가두려 합니다. 그렇게 신앙은 이성에 반하는, 말도 안 되는 부조리를 형식적으로 받아들이는 것을 의미하게 되고, 이성과 상식에 따라 살아가는 이라면 조롱하고 거부해 마땅한 것으로 전락

합니다. 성서가 이런 책이라면 정상적인 시야를 완전히 가려 버리는 거대한 가림막이 되어 한낮의 기쁨을 고통과 어둠과 눈물로 대체해 버릴 겁니다. 하지만 성서는 그런 책이 아닙니다. 성서에게 모욕받을 각오까지를 해야 한다는 말은 성서가 우리의 지성을 모독하도록 내버려 두어야 한다는 뜻이 아닙니다. 성서가 난해하고, 성서로 인해 당혹스러워질 수 있다는 말은 성서가 우리의 지성에 도전해 온다는 의미일 뿐 우리의 지성을 모욕한다는 뜻이 아닙니다. 그리스도교가 광신으로, 어리석은 종교성으로 왜곡될 때 우리의 지성은 모욕당합니다. 다른 누군가가 성서를 왜곡한다 해서 성서 자체를 탓해서는 안 되겠지요.

그럼에도, 신앙과 관련된 신학적 문제들은 차치하고도 (물론 이 문제들도 특별한 문제이긴 합니다만), 현대인들에게 남는 질문이 있습니다. 바로 성서를 제대로 읽을 수 있느냐는 문제입니다. 성서는 너무도 오래전의 기록이며 그렇기에 그 내용역시 너무나 이질적이고, 현재의 삶과는 너무나 동떨어진 삶이 담겨 있는 것만 같습니다. 물론 서구 문명의 저변에는 여전히 유대-그리스도교 문화로부터 유래한 것들, 즉 성서에서 유래한 것들이 흐르고 있습니다. 사실이 그렇습니다. '성서를 탐구'하노라면 살아 있는 실재인 그리스도를 발견하지는 못하더라도, 최소한 익숙한 사유의 메아리가 울리고 있음을 알게 됩니다. 하지만 고작 몇몇 종교적 상투어의 원천을 발견해 위안을 얻기 위해 성서를 읽어야 한다는 걸까요?

대다수 현대 독자는 신앙에 관한 고전적인 질문이나 도전에 이르기 전 다른 질문, 훨씬 인간적인 질문과 씨름해야 합니다. '성서가 좋은 책이라는 말을 믿어야 할까? 이 책이 위대한 문학 작품이라고 믿어야 할까? 내가 좋아하는 잡지보다 이 책이 더 흥미롭다고 할 수 있나? 나는 성서보다는 광고에 더 자발적으로 참여하지 않나?' 우리는 먼저 이와 같은 질문과 마주합니다. 성서가 우리의 일상과 무관하며, 특별하고 성스러운 위치에 있는 책이고, 시간과 공간에서 우리를 들어올려 '영원'에 이르게 해주는 그런 책이라는 미신은 이 물음에 답하는 일을 더욱 까다롭게 만들고 맙니다.

정직하게 성서를 읽으려면 온갖 공식 입장들 뒤로 숨지 않아야 합니다. 종교적 입장이든, 문화적 입장이든, 성서를 옹호하든 반대하든 그 입장을 핑계로 나의 입장을 견고히 해서는 안 됩니다. 성서는 온갖 신화와 미신, 종교적 신화와 반종교적 신화, 유신론적 신화와 무신론적 신화, 과학적 미신과 반과학적 미신에 에워싸여 있으며, 현대 독자들은 의식적으로든 무의식적으로든 성서를 열기도 전 이미 그 긴장의 소용돌이에 매몰되어 있습니다. 우리는 그 지점을 고려하며, 또 그 긴장과 함께 살아가려 애써야 합니다. 이 갈등은 새로운 것이 아니며 현대인에만 해당하는 독특한 문제도 아닙니다. 성서가 형성되던 시기, 이른바 '신앙의 시대'ages of faith에도 이러한 긴장은 존재했습니다. 다만 옛사람들은 마르크스Marx나 프로이트Freud, 니체Nietzsche가 아닌 호메로스Homer나 베르길리우스Virgil, 소포클레스Sophocles에 둘러싸여 있었을 뿐이지요.

4세기 수도사이자 성서를 라틴어로 번역한 히에로니무스Jerome는 그만의 독특한 방식으로 이 문제를 풀었습니다. 어느 한 편을 택하는 대신 상반되는 속성을 함께 붙든 것입니다. 순수한 문학 작품의 차원이라면 그리스와 로마의 고전이 성서보다 훨씬 낫다는 사실을 그는 알고 있었습니다. 그렇기에 히에로니무스는 성서를 읽는 데는 단순히 문학 작품을 읽는 것과는 상당히 다른 이유가 있다고 말하며 성서의 가치를 조명했습니다. 물론 성서도 문학 작품의 성격을 지니고 있으며 이 성격은 꽤 독특합니다. 성서 저자에게 바탕이 되는 문학적 경험(그리하여 성서 독자가 성서를 통해 하게 되는 경험)은 단순한 문학적 경험 이상이기 때문입니다. 성서는 종교적이며, 때로는 '예언적'이고, '신비'로우며, '종말론'적이기까지 합니다. 그런데 이 예언적이고 종말론적인 속성은 실제 역사와 평범한 삶에 기반을 두고 있습니다. 문학 작품으로서 성서의 독특함은 이런 면에서 도드라집니다.

즉 성서를 상당 부분 문학 작품으로 이해하더라도 그 문학성이 단순한 미학적 경험 이상의 무언가를 표현한다는 사실을 인식해야 합니다. 성서는 문학 작품을 넘어서며 어떤 의미에서는 '종교'까지를 넘어섭니다. 의례를 치르고 신비의 세계로 들어설 때 경험하게 되는 정화, 경이로움, 독실한 종교심, 치유, 윤리적 자기 초월에 따른 변화, 성서는 그 모두를 넘어섭니다.

성서는 그저 여러분에게 교훈을 주는, 먼 과거에 대해 알려 주는, 특정 윤리 규범을 정해 주는 그런 책이 아닙니다. 드넓은 우주 속 우리의 자리를 알려 주고, 삶에 의미를 부여하는 흡족한 가설을 담고 있는 책도 아닙니다. 성서가 주장하는 바는 그 모든 것을 훌쩍 넘어섭니다. 성서는 자신이 '하느님의 말씀'The Word of God을 담고 있다고 주장합니다.

이 '하느님의 말씀'이란 무엇입니까? 이론의 여지가 없는, 지고의 권위가 있는 말이라는 뜻일까요? 삶에 실질적인 의미라고는 전혀 없지만, 지옥의 형벌을 받지 않으려면 수용해야 하는 터무니없는 교리를 가리킬까요? '성서가 하느님의 말씀'이라는 말을 이렇게 이해하는 건 성서에 대한 완전한 왜곡이며 성서를 조각내 편파적으로 해석한 결과입니다. 이런 행태에는 예언자들 역시 저항했습니다. 그들은 하느님의 이름으로 하느님의 말씀을 왜곡하는 것, 종파주의, 국가주의, 권력, 정치에 의해 말씀이 악용되는 것에 항거했습니다 (예레 23:23~40 참조). 인간의 특정 이해관계를 절대화하고, 맹목적으로 믿고 따르며, 죽기까지 복종해야 할 절대적인 것으로 여기는 일은 하느님의 '살아있는 말씀'을 파괴적인 우상인 '죽은 말'로 대체하는 행위입니다.

> 하느님의 말씀은 살아 있고 힘이 있어서 어떤 양날 칼보다도 더 날카롭습니다. 그래서, 사람 속을 꿰뚫어 혼과 영을 갈라내고 관절과 골수를 갈라놓기까지 하며 마음에 품은 생각과 의도를 밝혀냅니다. (히브 4:12)

하느님의 말씀으로서 성서는 하느님에게 권위가 있으니 자신을 맹목적으로 받아들이라고 윽박지르지 않습니다. 성서의 기본 주장은 그런 것이 아닙니다. 오히려 성서는 하느님의 말씀에 실제로 우리를 변혁하고 해방하는 힘이 있음을 받아들여야 한다고 이야기합니다. '하느님의 말씀'은 실제적인 경험으로 알게 되는 것입니다. 진정 그 말씀을 '듣는' 이라면 누구에게나 성서는 어떤 일을 행합니다. 즉 성서는 하느님의 말씀을 듣는 이의 존재 전체를 변혁합니다. 그렇기에 바울은 데살로니카 교인들에게 이렇게 말합니다.

> 우리가 하느님께 끊임없이 감사하는 것은, 여러분이 우리에게서 하느님의 말씀을 받을 때에, 사람의 말로 받아들이지 아니하고, 실제 그대로, 하느님의 말씀으로 받아들였기 때문입니다. 이 하느님의 말씀은 또한, 신도 여러분 가운데서 살아 움직이고 있습니다. (1데살 2:13)

하느님의 말씀은 우리에게 비치는 빛 이상입니다. 이 말씀은 우리 존재의 가장 깊은 곳을 관통합니다. 그렇게 새로운 존재가 탄생합니다.

> 바리사이파 사람 가운데 니고데모라는 사람이 있었다. 그는 유대 사람의 한 지도자였다. 이 사람이 밤에 예수께 와서 말하였다. "랍비님, 우리는, 선생님이 하느님께로부터 오신 분임을 압니다. 하느님께서 함께하지 않으시면, 선생님께서 행하시는 그런 표징들을, 아무도 행할 수 없습니다."

예수께서 그에게 말씀하셨다. "내가 진정으로 진정으로 너에게 말한다. 누구든지 다시 나지 않으면, 하느님 나라를 볼 수 없다." 니고데모가 예수께 말하였다. "사람이 늙었는데, 그가 어떻게 태어날 수 있겠습니까? 어머니 뱃속에 다시 들어갔다가 태어날 수야 없지 않습니까?" 예수께서 대답하셨다. "내가 진정으로 진정으로 너에게 말한다. 누구든지 물과 성령으로 나지 아니하면, 하느님 나라에 들어갈 수 없다. 육에서 난 것은 육이요, 영에서 난 것은 영이다. 너희가 다시 태어나야 한다고 내가 말한 것을, 너는 이상히 여기지 말아라. 바람은 불고 싶은 대로 분다. 너는 그 소리는 듣지만, 어디에서 와서 어디로 가는지는 모른다. 성령으로 태어난 사람은 다 이와 같다." 니고데모가 예수께 물었다. "어떻게 이런 일이 있을 수 있습니까?" 예수께서 대답하셨다. "너는 이스라엘의 선생이면서, 이런 것도 알지 못하느냐?" (요한 3:1~10)

여기서 종교에 관한 메마르고, 학문 중심이며, 공식적인 가르침과 살아있는 말씀의 능력은 은연중에 대비를 이룹니다. 바울 또한 죽은 '문자'에 관한 연구와 성령의 살아있는 권능을 대비시킵니다. 그에 따르면 하느님에 관한 정보와 생명을 주는 능력으로 드러나는 하느님과의 참된 소통은 다릅니다. 고린토인들에게 쓴 편지에서 바울은 그가 전하는 것이 그저 종이 위에 잉크로 적은 글자가 아닌, 그들 안에서 샘솟는 생명에 관한 메시지임을 이해해 주기를 바랐습니다.

> 여러분이야말로 우리를 천거하여 주는 추천장입니다. 그것은 우리 마음에 적혀 있습니다. 모든 사람이 그것을 알고, 읽습니다. 여러분은 분명히 그리스도께서 쓰신 편지입니다. 우리는 그것을 작성하는 데에 봉사하였습니다. 그것은 먹물로 쓴 것이 아니라 살아 계신 하느님의 영으로 쓴 것이요, 돌판에 쓴 것이 아니라 가슴 판에 쓴 것입니다. 우리는 그리스도로 말미암아 하느님께 확신을 가지고 있으므로, 이런 말을 합니다. 우리가 이런 일을 할 수 있는 자격이 우리에게서 났다고 생각하지 않습니다. 우리의 자격은 하느님에게서 납니다. 하느님께서 우리에게 새 언약의 일꾼이 되는 자격을 주셨습니다. 이 새 언약은 문자로 된 것이 아니라, 영으로 된 것입니다. 문자는 사람을 죽이고, 영은 사람을 살립니다. (2고린 3:2~6)

여기서 "영"은 어딘지 모호하고 감상적인 무언가가 아니라는 점을 지적해야겠습니다. 이는 성령의 능력이며 사랑의 능력이고, 세계를 창조하신 진리의 영이자, 죽음에서 살아나신 그리스도와 그리스도 안에서 모든 것을 완성하는 거룩한 영입니다. 이 자유의 영은 궁극적으로 우리가 자신이 아닌 타인을 위해 살아가도록 하는 사랑의 영입니다. 우리는 이처럼 구체적인 신학적 진술에 비추어 "영"이라는 단어를 이해해야 합니다.

> 형제자매 여러분, 하느님께서는 여러분을 부르셔서, 자유를 누리게 하셨습니다. 그러나 여러분은 그 자유를 육체의 욕망을 만족시키는 구실로 삼지 말고, 사랑으로 서로 섬기십시오. 모든 율법은 "네 이웃을 네 몸과 같이 사랑하여라" 하신 한마디 말씀 속에 다 들어 있습니다. (갈라 5:13~14)

성령으로 거듭나 사랑으로 사는 이는 교파의 옹졸한 편견, 민족주의, 율법주의에서 비롯된 편협함, 증오와 갈등을 낳는 모든 분열로부터 해방됩니다.

그런데 여러분이, 성령의 인도하심을 따라 살아가면, 율법 아래에 있는 것이 아닙니다. 육체의 행실은 환히 드러난 것들입니다. 곧 음행과 더러움과 방탕과 우상숭배와 마술과 원수 맺음과 다툼과 시기와 분냄과 분쟁과 분열과 파당과 질투와 술 취함과 흥청망청 먹고 마시는 놀음과, 그와 같은 것들입니다. 내가 전에도 여러분에게 경고하였지만, 이제 또다시 경고합니다. 이런 짓을 하는 사람들은 하느님의 나라를 상속받지 못할 것입니다. (갈라 5:18-21)

하느님의 말씀은 변혁하는 능력입니다. 그 말씀은 편견과 갈등, 증오와 탐욕이 있던 자리를 사랑과 연합, 평화와 이해로 채웁니다. 그렇게 하느님의 말씀은 우리를 해방하는 능력으로 자신이 하느님의 말씀임을 입증합니다. 성서는 분열과 증오가 난무하는 인간 세계로, 그 혼란으로 들어와 이를 변혁하는 능력이 도래했다고 선포합니다. 이 말씀을 믿는 이는 이 땅에 화해와 평화를 이루는 사랑을 경험합니다.

누구든지 나를 사랑하는 사람은 내 말을 지킬 것이다. 그리하면 내 아버지께서 그 사람을 사랑하실 것이요, 내 아버지와 나는 그 사람에게로 가서 그 사람과 함께 살 것이다. 나를 사랑하지 않는 사람은 내 말을 지키지 아니한다. 너희가 듣고 있는 이 말은, 내 말이 아니라, 나를 보내신 아버지의 말씀이다. "내가 너희와 함께 있는 동안에, 나는 이 말을 너희에게 말하였다. 그러나 보혜사, 곧 아버지께서 내 이름으로 보내실 성령께서, 너희에게 모든 것을 가르쳐 주실 것이며, 또 내가 너희에게 말한 모든 것을 생각나게 하실 것이다. 나는 평화를 너희에게 남겨 준다. 나는 내 평화를 너희에게 준다. 내가 너희에게 주는 평화는 세상이 주는 것과 같지 않다. 너희는 마음에 근심하지 말고, 두려워하지도 말아라. (요한 14:23~27)

이 능력이 제대로 드러나지 못했다면, 그 효력을 온전히 발휘하지 못하는 것처럼 보인다면 그것은 신자들이 성서를 저버린 탓이지 성서에 신자를 변화시키는 능력이 부족했기 때문이 아닙니다. 그러나 성서는 이 실패의 가능성까지를 고려하고 있으며 놀랍게도 그 또한 성서가 전하는 이야기의 일부입니다.

나는 빛으로서 세상에 왔다. 그것은, 나를 믿는 사람은 아무도 어둠 속에 머무르지 않도록 하려는 것이다. 어떤 사람이 내 말을 듣고서 그것을 지키지 않는다 하더라도, 나는 그를 심판하지 아니한다. 나는 세상을 심판하러 온 것이 아니라 구원하러 왔다. 나를 배척하고 내 말을 받아들이지 않는 사람을 심판하시는 분이 따로 계시다. 내가 말한 바로 이 말이, 마지막 날에 그를 심판할 것이다. 나는 내 마음대로 말한 것이 아니다. 나를 보내신 아버지께서, 내가 무엇을 말해야 하고, 또 무엇을 이야기해야 하는가를, 친히 나에게 명령해 주셨다. 나는 그의 명령이 영생인 줄 안다. 그러므로 나는 무엇이든지 아버지께서 나에게 말씀하여 주신 대로 말할 뿐이다. (요한 12:46~50)

성서 안에 있는 거의 모든 책에는 '하느님의 말씀'을 이러한 능력으로 보는 사상이 들어있습니다. 그러므로 이런 눈으로 성서를 읽을 때 독자인 당신에게 말을 건네는 이는 (당신이 그것을 믿든, 믿지 않든) 인간이 아니라 하느님이 됩니다. 성서의 저자들은 자신들이 하느님의 전령으로 '보냄' 받았다고 믿었습니다. '자발적인 선택'이 아니었기에 그 위험한 일을 피해 도망치거나 항거하기까지 했지요(그 항거의 정도는 책마다 차이가 있습니다). 결국 그 임무를 받아들였지만 말입니다.

나는 부르짖었다. "재앙이 나에게 닥치겠구나! 이제 나는 죽게 되었구나! 나는 입술이 부정한 사람인데, 입술이 부정한 백성 가운데 살고 있으면서, 왕이신 만군의 주님을 만나 뵙다니!" 그때 스랍들 가운데서 하나가, 제단에서 타고 있는 숯을, 부집게로 집어, 손에 들고 나에게 날아와서, 그것을 나의 입에 대며 말하였다. "이것이 너의 입술에 닿았으니, 너의 악은 사라지고, 너의 죄는 사해졌다." 그때 나는 주님께서 말씀하시는 음성을 들었다. "내가 누구를 보낼까? 누가 우리를 대신하여 갈 것인가?" 내가 아뢰었다. "제가 여기에 있습니다. 저를 보내어 주십시오." 그러자 주님께서 말씀하셨다. "너는 가서 이 백성에게 '너희가 듣기는 늘 들어라. 그러나 깨닫지는 못한다. 너희가 보기는 늘 보아라. 그러나 알지는 못한다'하고 일러라. 너는 이 백성의 마음을 둔하게 하여라. 그 귀가 막히고, 그 눈이 감기게 하여라. 그리하여 그들이 볼 수 없고, 들을 수 없고 또 마음으로 깨달을 수 없게 하여라. 그들이 보고 듣고 깨달았다가는 내게로 돌이켜서 고침을 받게 될까 걱정이다." 그때 내가 여쭈었다. "주님! 언제까지 그렇게 하실 것입니까?" 그러자 주님께서 대답하셨다. "성읍들이 황폐하여 주민이 없어질 때까지, 사람이 없어서 집마다 빈집이 될 때까지, 밭마다 모두 황무지가 될 때까지…" (이사 6:5~11)

주님께서 나에게 말씀하셨다. "내가 너를 모태에서 짓기도 전에 너를 선택하고, 네가 태어나기도 전에 너를 거룩하게 구별해서, 뭇 민족에게 보낼 예언자로 세웠다." 내가 아뢰었다. "아닙니다. 주 나의 하느님, 저는 말을 잘 할 줄 모릅니다. 저는 아직 너무나 어립니다." 그러나 주님께서 나에게 말씀하셨다. "너는 아직 너무나 어리다고 말하지 말아라. 내가 너를 누구에게 보내든지 너는 그에게로 가고, 내가 너에게 무슨 명을 내리든지 너는 그대로 말하여라. 너는 그런 사람들을 두려워하지 말아라. 내가 늘 너와 함께 있으면서 보호해 주겠다. 나 주의 말이다." 그런 다음에, 주님께서 손을 내밀어 내 입에 대시고, 내게 말씀하셨다. "내가 내 말을 네 입에 맡긴다. 똑똑히 보아라. 오늘 내가 뭇 민족과 나라들 위에 너를 세우고, 네가 그것들을 뽑으며 허물며, 멸망시키며 파괴하며, 세우며 심게 하였다." (예레 1:4~10)

모세가 주님께 아뢰었다. "주님, 죄송합니다. 저는 본래 말재주가 없는 사람입니다. 전에도 그랬고, 주님께서 이 종에게 말씀을 하고 계시는 지금도 그러합니다. 저는 입이 둔하고 혀가 무딘 사람입니다." 주님께서 그에게 말씀하셨다. "누가 사람의 입을 지었느냐? 누가 말 못 하는 이를 만들고 듣지 못하는 이를 만들며, 누가 앞을 볼 수 있는 사람이 되게 하거나 앞 못 보는 사람이 되게 하느냐? 바로 나 주가 아니더냐? 그러니 가거라. 네가 말하는 것을 내가 돕겠다. 네가 할 말을 할 수 있도록, 내가 너에게 가르쳐 주겠다." (출애 4:10~12)

각 구절을 어떤 기술을 발휘해 해석해야 하느냐는 문제는 차치하고 그 의미를 살피면, 가리키는 바는 분명합니다. 이 구절은 모두 어떤 식으로든 궁극적인 말씀이 인간의 영역으로 뚫고 들어왔다고 주장하고 있습니다. 성서는 이 '뚫고 들어옴'에 관한 것입니다. 성서에 기록된 사건, 일어난 일들이 가리키는 바도 이것입니다. 성서는 이 사건이야말로 유대인이나 그리스도의 제자뿐 아니라 인류 전체에 결정적인 사건이라 말하고 있습니다.

성서는 그렇게 이 사건, 우리 각자의 사적 영역으로, 또 복잡다단한 세상 속으로 지고의 자유가 '뚫고 들어온' 사건, 침입해 들어온 사건을 기록합니다. 이 지고의 자유가 인간 존재의 근간이며 원천이고 인류 역사의 중심입니다. 그 자유가 인류의 운명을 이끕니다. 이를 가리키는 신비로운 단어는 말로는 표현할 수 없습니다. 구약시대 후기 하느님의 이름은 말할 수도, 글로 쓸 수도 없었고, 거의 알려지지 않은 채로 남아 있었다는 사실을 우리는 알고 있습니다. 유대인들은 그분에게 이름이 있고, 이름을 계시하셨다는 사실은 알았지만, 누구도 정확히 무엇이 계시되었는지는 알지 못했습니다. 야훼YHWH라는 글자는 말로 형용할 수 없는, 거룩함 그 자체인 그분의 참된 이름을 대체하는 단어였을 뿐입니다. 엘로힘, 아도나이, 주님, 하느님 등의 말도 모두 우리가 소유하지 못한 단어와 이름을 대체한 것에 불과합니다.

그러므로 '하느님'이라는 말은 실상 말이 아닙니다. 그 단어가 가리키는 실체를 정확히 가리키지도, 오롯이 담아내지도 못한다는 뜻에서 그렇습니다. 이 말 뒤에는 솔로몬 성전을 가득 채운 연기, 성막을 덮은 구름 기둥과 불기둥처럼 성서 전체를 가득 채우고 있는 누군가가 있습니다. 그는 누구입니까? 성서는 이를 결코 명료하게 설명해 주지 않습니다. 여러분이 알아내야 합니다. 어떻게 말입니까? 그건 또 다른 문제입니다.

성서는 당연한 듯 전제하고 있는, 부분적으로 드러나는, 암묵적인 기반 같은 것들이 있습니다. 이를테면 우리의 정체성에 대한 근본적인 직관이 그렇습니다. 우리의 궁극적 정체성에 대한 희미한 자각, 그것과 불가분 얽혀 있는 어떤 직관이 성서에 흐르고 있습니다. 누구도, 듣는 이도 도무지 없던 그때로부터 그러한 암시가 있었습니다. 이러한 정체성의 자각, 그 깨달음의 근거는 무엇일까요? 아니, 그 근거는 누구일까요?

성서를 읽는 당신은 누구인가?

그리스도교와 유대교가 어떻게 설교하고 해석하든, 성서에 기록된 말은 정체성에 대한 근본적인 질문을 불러일으킵니다. 성서에 흐르는 짐짓 완곡하면서도 기이한, 그러면서도 끈질기게 제기되는 주장이 그런 물음을 부릅니다. 성서의 기저에 강력한 정체성의 형이상학이 자리하고 있다고 말하면 혹자는 지나치다고 여길 겁니다. 하지만, 어쩌면 우리는 거기서 한발 더 나아가야 할지도, 성서에는 모든 형이상학적 이해를 넘어서는 정체성에 대한 신학적 계시가 들어있다고 해야 할지도 모릅니다. 어떤 쪽이든 성서가 여느 책과는 다른 방식으로 정체성에 대한 물음을 제기하는 것만은 분명합니다. 바르트Karl Barth가 지적했듯 우리가 성서를 향해 묻기 시작하면 성서 역시 우리를 향해 묻기 시작합니다. '이 책은 어떤 책인가? 라고 물을 때 우리는 암묵적으로 이런 질문을 받습니다. '이 책을 읽는 당신은 누구인가?'

이런 관점은 현대인의 경험과는 거리가 멀어 보입니다. 언뜻 보기에는 그렇습니다. 그렇다고 해서 몇몇 대중 설교가들의 관점을 따를 수도 없습니다. 그들은 초자연적이고 놀라운 경험을 하고, 충격을 받고, 짜릿한 느낌을 받아야, 신비를 느껴야만, 아무튼 그런 것들이 있어야만 성서와 진지하게 만날 수 있다는 듯 이야기합니다. 하지만 성서를 여는 이들이 보다 자주 맞닥트리는 마음은 지루함, 어리둥절함, 길을 잃은 기분에 아연해 지는 것일 테고 잠이 오는 경우도 다반사일 겁니다.

누구나 성서를 대하는 데 어려움을 겪으며 신자들조차 예외는 아닙니다. 실은 신자들이 더욱 그런 경향이 있습니다. 성서가 가르치는 바를 따라 삶을 헌신해야 하는 사목자나 사제들이 마음에 성서에 대한 무의식적 반감을 품는 경우가 적지 않고, 이러한 반항은 현실 종교에 깊은 영향을 미칩니다. 본격적으로 연구된 바는 없지만, 이 점을 잘 살피면 종교 영역에 상존하는 당혹스러운 현상들, 비뚤어진 모습들, 완고하고 냉담하며, 비인간적이고 광신적인 모습을 이해하는 데 도움이 될 것입니다. 디트리히 본회퍼Dietrich Bonhoeffer는 성서를 마주하는 어려움을 진솔하게 인정했습니다. 그는 감옥에서 죽음을 눈앞에 둔 순간조차 그런 경험을 했습니다. 이러한 '인정'은 건강한 것입니다. 이들의 정직한 고백은 우리 모두에게 조금이나마 숨 쉴 공간을 열어줍니다.

다시금 성서를 읽는 게 어려운 상태가 되었다네. 그런 생각이 나를 사로잡고 있어. 이를 어떻게 해야 할지 도무지 모르겠다네. 하지만 이 사실에 죄책감을 느끼지는 않아. 그리고 이 상태가 계속되지는 않으리라는 것, 다시 새로운 열정으로 성서로 돌아가게 되리라는 것도 알고 있다네. 이런 상태가 심리적으로 거쳐 가야 하는 과정 같은 것일까? 어쩌면 그런 것도 같아. 그렇게 생각하고 싶어. ... 그래. 언제나 나태해질 위험이 도사리고 있는 게 사실이네. 하지만 이런 상태에 법석을 떠는 것은 옳지 않아. 나침반은 잠깐 바늘이 흔들린 뒤 올바른 방향을 가리키게 된다는 사실을 신뢰하는 편이 훨씬 낫지.[1]

---

1   Dietrich Bonhoeffer, *Prisoner for God: Letters and Papers from Prison* (New York: Macmillan Company, 1953), 112. 『저항과 복종』(대한기독교서회)

진지한 신자도 성서를 향해 일시적 반감을 느낄 수 있으며, 또한 죄책감 없이 그 사실을 받아들일 수 있습니다. 이 모든 것이 진지한 신앙인의 모습이며 실은 그 '받아들임' 자체가 매우 보기 드문 실력입니다. 본회퍼의 모습은 이 중요한 지점을 일깨워 줍니다.

성서가 표면상 늘 흥미롭지는 않습니다. 그러나 어떤 식으로든 그 세계 안으로 들어가면, 마침내 성서가 말하는 독특한 방식을 이해하게 되면, 성서가 진실로 말하는 바를 파악하게 되면, 독자는 자신이 성서에 질문을 제기하는 것이 아니라 성서가 자신을 향해 질문을 제기하고 있다는 사실을 발견하게 됩니다.

이는 물론 그리스도교나 유대교에만 해당하는 이야기는 아닙니다. 미신의 차원을 넘어서는 모든 종교에, 모든 심오한 종교적 경험에는 그런 측면이 있습니다. 모든 종교는 우리 자신에 관한 진실, 가장 깊은 정체성에 닿아 있기 때문입니다. 그 언어들이 타당성을 잃고 거부당하더라도 그 언어가 가리키려던 실재는 그 자리에 있습니다. 온전히 표현되지 못한 채, 불가해하며, 심지어는 고통스러운 사실로 남아 있게 될 테지만요. 인간에게는 존재하면서부터 그러한 정체성에 대한 감각이 '주어집니다'. 잊으려 하고 무시하려 애쓸 수는 있어도 그가 다른 여느 사람이 아닌 '나'라는 사실과 '나는 누구인가, 어떻게 나를 찾을 수 있을까?'라는 질문은 그의 마음 깊은 곳에 남아 있습니다.

각 종교 서적은 다양한 방식으로 이 물음에 접근합니다. 선불교에서는 선문답을 통해 이에 다가갑니다. 이 대화는 존재에 관한 기본 질문으로 이루어져 있습니다. 스승과 제자가 대화를 나누는 형식으로 이루어져 있지만, 답은 제자가 스스로 분투하며 풀어가야 하는 것으로 남습니다. 이를테면 이런 식입니다. 제자가 스승에게 묻습니다. '부처는 누구입니까?' 스승이 답합니다. '너는 누구냐?'

모든 참된 종교적 체험, 철저한 형이상학적 직관, 신비적 관상의 근본에는 이 물음이 있으며, 그래야 합니다. 어떤 면에서 이들은 그 자체로 질문에 대한 답이라고도 할 수 있습니다. 종교적 이해는 대답에서 대답으로가 아닌 질문에서 질문으로 자라납니다. 이때 물음에 대한 답은 명확하고 선명한 '정답'이 아니라 보다 적절한, 한층 더 궁극적인 물음입니다. 앞서 언급한, 선불교에서 이루어지는 스승과 제자의 대화도 그렇습니다. 제자는 일반적이고 추상적이며 교리적인 질문, 이론상으로는 정교한 질문을 던집니다. 이에 스승은 직접적이고, 실존적이며, 구체적인 질문으로 이에 답합니다. 이 질문은 이론으로 답할 수 없고, 말로는 그 본질을 관통할 수 없습니다. 완전히 다른 식으로 붙들고 씨름해야 하는 질문이지요.

성서에 다가갈 때도 마찬가지입니다. 우리가 사변적인 질문을 성서에 던지면 잔인하리만치 실제적인 물음이 우리에게로 되돌아올 것입니다. 우리가 성서에서 인생의 의미를 알려주는 정보를 구하면, 성서는 우리에게 언제쯤 진짜 삶을 살기 시작하느냐는 질문을 던집니다. 이는 우리에게 합당한 자격이 있는지를 보이라거나 얼마나 진지한지를 증명하라고 요구하는 것이 아닙니다. 아니, 어쩌면 그 이상입니다. 삶은 삶이 무엇인지를 분석함으로써가 아닌, 살아감으로써, 자신의 정체성을 실현해 가는 길을 걸음으로써 알게 되는 것입니다. 이는 우리 곁에 있는 이들, 그들과 맺는 친밀하고 인격적인 만남을 통해 우리 자신과 관계성을 깨닫는다는 뜻이기도 합니다.

궁극적으로 이는 (어떤 식으로든) 절대적인 자유이신 그분의 현존 안에 있는 우리 자신을 깨닫는다는 뜻입니다. 그분은 우리를 거절하시는 동시에 긍정하시며 우리 자유의 근거이신 동시에 우리의 적이십니다. 우리가 자신을 포기하는 만큼 그분은 우리를 받아주십니다. 그분은 우리를 긍정하시되,

존재의 주변부가 아닌 중심에서 살아가는 한에서 우리를 긍정하시고, 당신과 하나인 한에서 우리를 긍정하십니다.

그 때에 예수께서는 제자들에게 말씀하셨다. "누구든지 나를 따라오려거든, 자기를 부인하고, 제 십자가를 지고, 나를 따라오너라. 누구든지 자기 목숨을 구하고자 하는 사람은 잃을 것이요, 나 때문에 자기 목숨을 잃는 사람은 찾을 것이다. 사람이 온 세상을 얻고도 제 목숨을 잃으면, 무슨 이득이 있겠느냐? 또 사람이 제 목숨을 되찾는 대가로 무엇을 내놓겠느냐?" (마태 16:24~26)

하느님께서 아들을 세상에 보내신 것은, 세상을 심판하시려는 것이 아니라, 아들을 통하여 세상을 구원하시려는 것이다. 아들을 믿는 사람은 심판을 받지 않는다. 그러나 믿지 않는 사람은 이미 심판을 받았다. 그것은 하느님의 독생자의 이름을 믿지 않았기 때문이다. 심판을 받았다고 하는 것은, 빛이 세상에 들어왔지만, 사람들이 자기들의 행위가 악하므로, 빛보다 어둠을 더 좋아하였다는 것을 뜻한다. 악한 일을 저지르는 사람은, 누구나 빛을 미워하며, 빛으로 나아오지 않는다. 그것은 자기 행위가 드러날까 보아 두려워하기 때문이다. 그러나 진리를 행하는 사람은 빛으로 나아온다. 그것은 자기의 행위가 하느님 안에서 이루어졌음을 드러내려는 것이다. (요한 3:17~21)

내가 진정으로 진정으로 너희에게 말한다. 밀알 하나가 땅에 떨어져서 죽지 않으면 한 알 그대로 있고, 죽으면 열매를 많이 맺는다. 자기의 목숨을 사랑하는 사람은 잃을 것이요, 이 세상에서 자기의 목숨을 미워하는 사람은, 영생에 이르도록 그 목숨을 보존할 것이다. 나를 섬기려고 하는 사람은, 누구든지 나를 따라오너라. 내가 있는 곳에는, 나를 섬기는 사람도 나와 함께 있을 것이다. 누구든지 나를 섬기면, 내 아버지께서 그를 높여주실 것이다. (요한 12:24~26)

요한 신학의 핵심 중 하나는 그리스도께서 궁극의 중심이라는 것, 그 중심에서 그분이 말씀하신다는 것입니다. 그 중심은 그분 안에서, 그분을 통해 선포됩니다. 그렇기에 그리스도께서 선포하신 진리와 사랑에 인격적으로 헌신한다는 것은 곧 그분 안에 "머문"(요한 15:5)다는 뜻입니다. 모든 지혜와 모든 자유의 중심에 그분이 계십니다.

예수께서 큰 소리로 말씀하셨다. "나를 믿는 사람은 나를 믿는 것이 아니라 나를 보내신 분을 믿는 것이요, 나를 보는 사람은 나를 보내신 분을 보는 것이다. 나는 빛으로서 세상에 왔다. 그것은, 나를 믿는 사람은 아무도 어둠 속에 머무르지 않도록 하려는 것이다. 어떤 사람이 내 말을 듣고서 그것을 지키지 않는다 하더라도, 나는 그를 심판하지 아니한다. 나는 세상을 심판하러 온 것이 아니라 구원하러 왔다. 나를 배척하고 내 말을 받아들이지 않는 사람을 심판하시는 분이 따로 계시다. 내가 말한 바로 이 말이, 마지막 날에 그를 심판할 것이다. 나는 내 마음대로 말한 것이 아니다. 나를 보내신 아버지께서, 내가 무엇을 말해야 하고, 또 무엇을 이야기해야 하는가를, 친히 나에게 명령해 주셨다. 나는 그의 명령이 영생인 줄 안다. 그러므로 나는 무엇이든지 아버지께서 나에게 말씀하여 주신 대로 말할 뿐이다." (요한 12:44~50)

성서와 진지한 대화를 시작하려는 순간 우리는 궁극의 질문을 던지게 됩니다. '이 책에 적힌 아버지는 누구인가? 아버지란 무엇을 뜻하는가? 이 책이 그 아버지를 보여준단 말인가?' 그러면 우리에게 이런 물음이 되돌아옵니다. '아버지를 찾는 너는 누구인가? 너는 무엇을 찾고 있다고 생각하는가?' 이어서 이런 말이 들려옵니다.

> 형제를 그리스도처럼 사랑하라. 실은 그 형제가 그리스도이니. 그 사랑 가운데 너 자신을 찾으라. 그러면 네 아버지를 알게 될 것이다. (요한 14:8~17 참조)

우리가 타인을 위해 산다면 우리의 자유를 넘어서는, 우리의 성향을 초월한 사랑이 솟아날 테고, 그 사랑을 친밀하고도 인격적으로 알게 될 것입니다. 동시에 우리의 고유한 자유와 정체성의 핵심에 그 사랑이 놓여 있음을 알게 될 것입니다. 이 사랑의 근원을 꿰뚫고 들어가는 그때, 마침내 우리는 참된 우리 자신을 발견할 것입니다.

신약 신학의 주제들을 다루는 책이 아님에도 여기서 몇몇 신약의 본문들을 언급하는 이유는 성서가 주장하는 바가 신학적이기 때문입니다. 삶의 의미와 정체성에 관한 질문은 단순히 심리적인, 혹은 윤리적인 차원의 물음이 아니며, 단순히 교리나 무언가 신비로운 계시로부터 비롯되는 물음도 아닙니다. 오히려 이 물음은 신학적인 자기 헌신, 즉 묻는 자신을 그 물음에 던져야만 하는 질문입니다. 이 물음은 단순히 교리에 나오는 명제들에 대한 동의를 넘어 '하느님'이라는 비어 있는 말, 미지의 존재와 인격적으로 만나는 경험에서 일어납니다. 우리는 하느님을 아버지라고, 구체적으로, 너무도 인간적인 이름으로 부르며 그분과 인격적 만남을 갖습니다. 우리의 참된 정체성에 관한 질문은 이러한 신앙과 경험의 언어를 포함합니다. 이 대목에서 우리는 그리스도께서 자신을 '아들'로 칭하시며 자연스럽게 '아버지'라는 말을 지워버리셨다는 사실을 기억해야 합니다. 둘은 동일시되며 이후 그리스도교 신학에서는 이 동일시가 매우 중요하다는 사실, 인간의 모든 자유의 궁극적인 근원이 여기에 있다는 사실을 알게 되었습니다. 칼 바르트는 이에 관해 탁월하게 말한 바 있습니다.

> 우리가 던지는 질문은 우리를 향한 질문이 된다. 이에 우리는 기이하리만치 당혹스러운 자리, "예"와 "아니오" 사이에 던져진다.[2]

그러나 모두가 성서를 이런 식으로 읽지는 않습니다. 바르트

---

2 Karl Barth, *The Word of God and The Word of Man* (New York: Harper and Row, 1957), 53.

도 이러한 대립이 불가피한 일이 아님을 분명히 합니다. 성서를 덜 철저하게 읽는 길도 많습니다. 흥미롭게도, 가장 독실한 신자들, 가장 진지한 학자들이 종종 그 길을 걷습니다. 신앙생활의 의무로 성서를 읽고, 전문성을 발휘해야 하는 책으로 성서를 읽느라 성서가 우리를 향해 던지는 질문, 그 질문을 통해 이루어지는 대화에 응하지 않고 이를 회피하는 일은 흔히 일어납니다. 비단 성서가 아니어도 특정 말과 세부 내용에 매몰되어 정작 전체 의미에 대한 관심을 잃어버리는 경우가 드물지 않습니다.

다행스럽게도 우리는 신학이 갱신되는 시대, 성서 읽기에 새바람이 부는 시대를 살고 있습니다. (전문가든, 일반 신자든, 그저 흥미로 성서를 읽는 독자든) 이 시대를 사는 우리는 모두 많은 전문가에게 큰 빚을 지고 있습니다. 그들은 우리에게 성서를 제대로 열어주기 위해 많이 애씁니다. 하지만 지난 수백 년간 쏟아진 연구들, 수백, 수천 쪽에 해당하는 성서학 서적 중 상당수는 우리가 성서에 다가가는 데 도리어 방해가 되었다는 사실도 부인할 수 없습니다. 황량한 사막과 같은 연구들이, 너무 많은 세부 논의가 성서에 대한 우리의 흥미를 잃게 하고, 때로는 그 사막에서 방향을 잃은 채 정처 없이 방황하게 했다는 점 또한 인정해야만 합니다.

물론 양질의 성서학 연구는 성서를 진지하게 이해하는 데 필수적입니다. 하지만 목적을 잃은, 메마른 과학적 탐구에의 욕망은 어떤 새로운 이해의 빛을 비추지 못하며 성서를 실존적으로 체험하는 감각, 현실에서 경험하게 하는 감각과 민감성을 오히려 둔화시키곤 합니다. 바르트도 이를 지적했습니다.

> 성서는 모든 시대, 모든 인간이 품은 물음에 대해 그들이 응당 받아야 할 만큼의 답을 준다. 우리는 성서에서 우리가 구하는 만큼만 발견하며 그 이상은 찾지 못한다. ... 우리가 아무것도 아닌 것을 구하면 우리는 성서에서 아무것도 발견할수 없다.[3]

너무나도 옳은 말입니다. 하지만, 이 말은 실제로 경험해 보아야 합니다. 독자와 말씀은 역동적인 관계, "살아 있고 힘이"(히브 4:12) 있는 관계를 맺고 있습니다. 그 관계 가운데 있다면, 독자가 생각한 것보다 훨씬 더 많은 일이 독자에게 일어나며, 독자는 자신이 본래 추구하려 했던 것보다 훨씬 더

---

3 위의 책, 32.

많은 것을 발견하게 되기 때문입니다. 그렇기에 바르트는 말합니다.

> 우리는 우리 수준을 훌쩍 넘어서는 큰 답(이 답은 실은 우리가 받을 준비가 되지 않은, 우리를 무가치해 보이게 만드는 답이다)에 다다르기를 열망해야 하며, 그럴 수 있음을 믿어야 한다. 그 답은 우리 자신의 갈망, 분투, 내적 노력으로는 거둘 수 없는 열매이기 때문이다.[4]

자신을 한껏 넘어선 곳에 도달하는 이러한 능력, 결코 기대한 적 없는 무언가를 성서에서 발견하는 능력은 결코 성서 전문가, 혹은 경건한 신자들만 갖고 있는 특수한 능력이 아닙니다. 도리어 그런 이들, 성서를 읽는 것이 하나의 습관이 되어버린 이들은 미리 자신이 성서에서 얻고픈 것과 성서가 자신에게 요구하는 바를 정해둠으로써 더 깊은 이해로 나아가지 못하는 경향, 그렇게 자신이 정한 틀에 스스로를 가둠으로써 자신을 기만하는 경향이 있음을 깨달아야 합니다. 이들은 자신에 걸맞게 성서를 꿰맞추고, 그런 식으로 성서를

---

4 위의 책, 32.

읽으며, 자신의 필요를 채우려 성서를 파고듭니다. 이들이 전적으로 잘못되었다는 이야기를 하려는 것은 아닙니다. 다만 성서는 우리의 필요를 채워주고, '현재 우리'에게 맞는 메시지를 제공하기 위해 존재하는 것이 아닙니다.

오히려 성서가 전하는 이야기는 어느 면으로 봐도 우리에게 안 맞는 이야기인 것처럼 보입니다. 문화의 측면에서 현대 문화와 맞지 않고, 윤리를 보아도 우리 시대의 윤리와 커다란 차이가 있으며, 신학을 보더라도 오늘날과는 전혀 어울리지 않아 보입니다. 지극히 당혹스럽고, 모호하며, 어떤 면에서는 경악스럽습니다. 성서는 우리 이성에 충격을 가해 우리를 불신앙으로 내몰 수 있으며, 불쾌한 추문으로 우리를 불편하게 만들 수도 있습니다. 실제로 성서를 면밀히 살피면 이제껏 우리가 '신앙'이라 여겼던 그것에 위협을 가하는 일도 심심치 않게 일어납니다.

다시 말하건대 성서는 어느 면으로 보아도 편안한 책이 아닙니다. 우리가 성서에 익숙해지다 못해 성서를 편안하게 만들어 버리지 않는 한은 그렇습니다. 어쩌면 이미 우리는 성서에 너무 익숙해지고 너무 편안해졌는지도 모릅니다. 그러니 성서를 읽고 그다지 충격받지 않는 법을 익혔다는 이유로, 성서와 별문제 없이 지내는 법을 익혔다는 이유로 성서를 잘 안다고 확신하지 마십시오. 그렇게 우리는 성서에 정말로 주의를 기울이는 법을 잊어버렸는지도 모르니까요. 오히려 우리는 성서를 향해 질문을 던지기를 멈추고, 성서에게 질문을 받는 것도 멈추게 된 것은 아닐까요? 혹은 성서와 함께 분투하기를 그만두게 된 것은 아닐까요? 그렇다면 우리의 성서 독서는 결코 진지한 활동이라고 할 수 없을 것입니다.

성서를 이해하는 길은 분투의 여정입니다. 그래야 합니다. 그저 의미를 찾아보려고 참고서적 뒤지듯 성서를 읽어서는 안 됩니다. 성서를 이해하는 길은 성서에 내재한 극명한 걸림돌과 모순을 정직하게 마주하려 분투하는 길이며, 그 길로 나아가려 애써야 합니다. 우리의 목표는 그러한 모순을 손쉽게 해결해 치워버리는 것이 아닙니다. 오히려 우리를 넘어선, 그러면서도 때로 우리와 불가사의하게 얽혀 있는, 기이하고 역설적인 세계로 들어가는 길을 찾아야 합니다.

III

누가 성서에 들어가는가?

때로는 신앙이 없거나, 신앙처럼 비합리적인 것에는 말려들지 않는다고 생각하는 이들이 신자들보다 더 성서와 잘 대화하고 분투하기도 합니다. 애초에 성서에 흥미가 없다면 모를까, 성서가 진지하게 받아들일 만큼 흥미롭다는 생각이 들면 그들은 성서와 싸우기를 두려워하지 않기 때문입니다. 이들은 신자들과 달리 죄책감에 뒷걸음질 치지 않으며 이 거룩한 책에 모호한 지점이 있다고 인정하기를 주저하지 않습니다. 그들은 성서가 "하느님의 말씀"이라는 선언을 의심합니다. 이렇게 그들은 성서를 인간의 말로 대하고, 읽음으로써좀 더 자유롭게, 또 좀 더 지적으로 성서와 만납니다. 공손하고 호의적인 신자들의 태도보다 이편이 나을 때도 있습니다.

신자들은 종종 그러다 성서에 마음을 닫곤 하기 때문입니다. 어쩌면 그 바탕에는 성서에서 무언가 믿기 힘든 것을 보게 될까 두려워하는 마음이 있는지도 모릅니다.

그러니 신자들은 성서에 대한 특권의식을 내려놓아야 합니다. 성서가 오직 자신들만의 책인 것처럼, 성서에 관해 모든 것을 알고 있기라도 한 것처럼 생각하면 안 됩니다. 과거 성서의 세부 내용을 해석하다 생긴 이견으로 인해 전쟁을 벌이기도 했던, 자신이 속한 공동체 혹은 자신의 해석만이 옳다고, 자신들만이 선택받은 공동체라 믿었던 선배들의 광기를 기억해야 합니다. 교회일치운동과 이에 기반을 둔 관점은 이러한 그리스도교의 애석한 역사를 가르쳐 줍니다.

이제 우리는 성서가 모든 이의 책이며, 비신자들도 신자들만큼이나 성서에 관한 새로운 관점을, 신자들도 진지하게 받아들여야 할 이야기를 들려줄 수 있음을 알고 있습니다. 이를테면, 이탈리아의 마르크스주의자 파졸리니Pier Paolo Pasolini가 마태오 복음서에 보인 비범한 반응을 떠올려 보십시오. 이 이야기는 이미 널리 알려져 있습니다. 교황 요한 23세John XXIII가 아씨시를 방문했던 때의 이야기입니다. 교황이란 으레 바티칸이라는 울타리 안에만 머무는 존재라 여겼던 때여서 아씨시 곳곳을 누빈 요한 23세의 행보는 상당히 생경한 사건이었습니다. 덕분에 아씨시 일대는 마비되었고 시민들은 수 시간 동안 거리로 나가기도 어려울 정도가 되었습니다. 모든 곳이 인파로 넘쳐났으니까요.

그렇게 '바티칸의 수인'Prisoner of the Vatican이 아씨시의 세속 생활을 방해하는 동안 이탈리아의 한 마르크스주의자는 호텔 방의 수인 신세가 되었습니다. 그곳에서 파졸리니는 우연히 호텔 방에 놓인 성서를 보게 되었고 무료한 시간을 달래려 책을 손에 들었습니다. 책을 펼쳐 든 그가 읽은 책은 마태오 복음서였습니다. 이를 계기로 파졸리니는 영화《마태오 복음서》Il vangelo secondo Matteo를 만들었고, 그는 요한 23세를 기리며 영화를 그에게 헌정했습니다. 그렇게 탄생한《마태오 복음서》는 비범하리만치 진실하며 진지한 작품입니다. 적은 예산으로, 이탈리아 어느 지역에 있는 볼품없는 바위투성이 들판에서, 전문 배우도 아닌 그 지역에 사는 가난한 주민들과 몇몇 공산주의자들이 열연한(파졸리니 본인이 베드로를 연기했고, 그의 어머니가 성모 마리아를 연기했습니다) 영화임에도 그 비범함은 감춰지지 않습니다. 아니 오히려 그 결과 (색채는 없에도) 15세기 피렌체나 시에나파의 회화와 결이 비슷한 시각적 진정성을 지니고 영화라는 형식을 빌린 수난극, 화려하나 저속한 인공미가 넘실대는 할리우드의 영화와 대조를 이루는 매우 인상적인 작품이 탄생했습니다.

많은 그리스도교인이 이 영화를 비판했습니다. 영화가 복음에 충실하지 않아서가 아니라 이 영화가 그리는 예수의 모습이 그들을 놀라게 했기 때문입니다. 파졸리니가 그린 예수는 젊고, 어둡고, 대단히 초연하며, 무서우리만치 진지합니다. 이는 19세기 말 교회 예술에서 흔히 묘사했던 상냥하고 관대한 예수의 모습과는 거리가 멀었습니다. 《마태오 복음서》에 등장한 제자들 역시 흔한 교회 예술에 등장한 제자들처럼 실제 삶과 유리된, 현실감 없는 그림 속 존재가 아닌, 세파에 시달리고 전쟁에서 살아남은 현실적이며 우락부락한 거친 남성들로 묘사됩니다. 이들은 정치 경찰을 피해 산에 숨어 있던 이들이나 강제 수용소와 감옥의 실정을 잘 알던 이들, 즉 실제 그리스도께서 제자로 삼으신 그 사람들을 닮았습니다.

《마태오 복음서》는 그리스도를 무엇이든 너그럽게 받아주는 관대한 친구가 아닌 요구할 바를 요구하는 선생으로, 마냥 부드러운 인물이 아닌 타협이 없는 인물로 그립니다. 어떤 지점에서는 거의 무자비하게 보일 정도입니다. 많은 그리스도교인은 이 생경한 예수의 모습에 충격을 받았습니다. 하지만, 그들이 충격받았다는 사실이 더욱 충격적입니다. 마태오 복음서를 읽으면 분명 그곳에서 그런 그리스도의 모습을 보게 되기 때문입니다. 마태오 복음서보다 더 거칠게 예수를 그린 복음서는 마르코 복음서뿐입니다. 사랑이 본래 엄격하고, 정직을 요구하며, 타협하지 않는다는 사실을 잊은 것일까요? 상대의 고통에 무심한, 무자비하게 상대를 속이는, 상대를 이용하는 모습에 대해 사랑은 어떻게 합니까? 마태오가 그린 예수는 철저하게 서로를 향해 자비를 베풀라고 요구합니다. 우리가 자비를 받기 위해 준비해야 할 바로 한 가지가 바로 그 자비이기 때문입니다.

자비한 사람은 복이 있다. 하느님이 그들을 자비롭게 대하실 것이다. (마태 5:7)

" ... 어떤 집주인이 있었다. 그는 포도원을 일구고, 울타리를 치고, 그 안에 포도즙을 짜는 확을 파고, 망대를 세웠다. 그리고 그것을 농부들에게 세로 주고, 멀리 떠났다. 열매를 거두어들일 철이 가까이 왔을 때에, 그는 그 소출을 받으려고 자기 종들을 농부들에게 보냈다. 그런데, 농부들은 그 종들을 붙잡아서, 하나는 때리고, 하나는 죽이고, 또 하나는 돌로 쳤다. 주인은 다시 다른 종들을 처음보다 더 많이 보냈다. 그랬더니, 농부들은 그들에게도 똑같이 하였다. 마지막으로 그는 자기 아들을 보내며 말하기를 '그들이 내 아들이야 존중하겠지' 하였다. 그러나 농부들은 그 아들을 보고 그들끼리 말하였다. '이 사람은 상속자다. 그를 죽이고, 그의 유산을 우리가 차지하자.' 그러면서 그들은 그를 잡아서, 포도원 밖으로 내쫓아 죽였다. 그러니 포도원 주인이 돌아올 때에, 그 농부들을 어떻게 하겠느냐?" 그들이 예수께 말하였다. "그 악한 자들을 가차없이 죽이고, 제 때에 소출을 바칠 다른 농부들에게 포도원을 맡길 것입니다." 예수께서 그들에게 말씀하셨다. "너희는 성경에서 이런 말씀을 읽어 본 일이 없느냐? '집 짓는 사람이 버린 돌이 집 모퉁이의 머릿돌이 되었다. 이것은 주님께서 하신 일이요, 우리 눈에는 놀라운 일이다.' 그러므로 나는 너희에게 말한다. 하느님께서는 너희에게서 하느님의 나라를 빼앗아서, 그 나라의 열매를 맺는 민족에게 주실 것이다. 이 돌 위에 떨어지는 사람은 부스러질 것이요, 이 돌이 어떤 사람 위에 떨어지면, 그를 가루로 만들어 놓을 것이다." (마태 21:33~44)

따라서 영화의 복음서 해석은 매우 타당하며 설득력 있었습니다. 이는 감독과 배우 모두 영화를 만들면서 각자가 인격적으로 복음서를 알게 되었기에 가능한 해석이었습니다. 그들이 늘상 성서를 가까이만 두어 익숙하기는 했으되 너무 익숙해서 둔해진 눈에 젖었더라면, 그처럼 신선한 눈으로 성서를 볼 수 없었을 것입니다. 그러나 그들에게 성서는 생경한 책이었고, 마태오 복음서를 맨눈으로 읽고 해석해야 했으며, 연기를 하기 위해 복음서에 담긴 메시지에 대한 확고한 입장을 정해야 했습니다. 이는 곧 자신들이 사는 시대와 세상을 향한 분명한 입장을 밝히는 것이기도 했습니다. 이 영화가 그들에게는 그리스도교 메시지와 그들이 사는 세계 사이를 잇는, 일종의 연결고리를 찾는 작업이었던 셈입니다. 이러한 작업을 하기 위해서는 그리스도가 누구인지, 적어도 복음서가 그를 누구라고 하는지에 대해 뚜렷한 입장을 세우는 일이 필수적이었습니다. 또한, 그들은 진지하게 영화를 만들기 위해 복음서가 전하는 내용을 신뢰할 만한 것으로 다루어야 했습니다. 그렇게 그들은 본격적인 그리스도교 신학을 우회하면서도 유의미하며 신뢰할 만한 작품을 내놓았습니다. 마태오 복음서라는 탁월한 문학 작품을 따라 충실하게 그리스도와 제자들을 현실에 존재하는 인간의 모습으로 그려낸 것입니다.

신학은 이러한 작업에 마냥 무신경할 수 없습니다. 자칫 신학이 지나치게 추상화될 경우 복음서 저자들이 그토록 애써 독자들을 향해 설득력 있게 전하려 했던, 살과 피를 지닌 그리스도라는 현실이 사라질 수 있습니다. 그럴 때 신학은 그리스도를 하느님의 아들로 믿도록 돕지 못하는 무용한 탁상공론이 되고 맙니다. 성육신에 관한 그리스도교의 이야기를 어떻게 받아들이든, 그 신학적 의미를 어떻게 해석하든 그리스도가 '사람의 아들'(이 '사람의 아들'은 마태오 복음서 속 예수가 자기 자신을 가리키던 명칭입니다)인 점을 간과하면 아무 유익이 없습니다.

우리 각자가 마르크스주의에 대해, 또 파졸리니의 그리스도 이해에 대해 궁극적으로 어떻게 생각하든 이 영화가 성서에 대한 탁월하고 진지한 응답임은 부정할 수 없습니다. 파졸리니가 예수와 그의 제자들을, 그리고 그리스도가 전한 메시지를 전적으로 신뢰하기로 결단했기에 그런 영화가 가능했습니다. 적어도 그는 인간으로서, 또 예술가로서 복음서의 기록을 믿었습니다. 그리고 이는 자연스럽게 그리스도, 인간, 세계에 관한 강렬한 진술로 이어졌습니다. 감독과 배우가 복음서 속으로 성큼 들어가 그 이야기를 재연하고 자신을 제자들과 동일시했기에 이러한 작업물이 나올 수 있었습니다. 우리 역시 우리 자신을 찾기 위해 필요한 긴박감, 신선함, 새로움에 대한 감각을 이 영화를 통해 회복할 수 있습니다. 그들이 자신과 '사람의 아들'의 제자들을 동일시함으로써 자기 자신을 새롭게 찾았음을 분명하게 보여주기 때문입니다.

다시 말해, 성서를 진지하게 읽는다는 것은 그저 추상적인 명제에 지적으로 동의한다는 뜻이 아닙니다. 성서를 진지하게 읽는다는 것은 성서 속으로 들어간다는 뜻이며, 성서에 인격적으로 참여한다는 뜻입니다. 그 결과 다다른 곳이 우리 예상과는 다를 수 있기에 '성서를 진지하게 읽는' 일은 실은 매우 위험합니다. 우리가 가능한 한 너무 깊이 성서에 개입되지 않는 쪽을 선호하는 것도 그 때문입니다. 사무엘하 12장 1절에서 10절을 보면 그 위험이 선명히 드러납니다.

> 주님께서 예언자 나단을 다윗에게 보내셨다. 나단은 다윗을 찾아와서, 이런 이야기를 하였다. "어떤 성읍에 두 사람이 살았습니다. 한 사람은 부유하였고, 한 사람은 가난하였습니다. 그 부자에게는 양과 소가 아주 많았습니다. 그러나 그 가난한 사람에게는, 사다가 키우는 어린 암양 한 마리 밖에는, 아무것도 없었습니다. 그는 이 어린 양을 자기 집에서 길렀습니다. 그래서 그 어린 양은 그의 아이들과 함께 자라

났습니다. 어린 양은 주인이 먹는 음식을 함께 먹고, 주인의
잔에 있는 것을 함께 마시고, 주인의 품에 안겨서 함께 잤습
니다. 이렇게 그 양은 주인의 딸과 같았습니다. 그런데 그
부자에게 나그네 한 사람이 찾아왔습니다. 그 부자는 자기
를 찾아온 손님을 대접하는데, 자기의 양 떼나 소 떼에서는
한 마리도 잡기가 아까웠습니다. 그래서 그는 그 가난한 사
람의 어린 암양을 빼앗다가, 자기를 찾아온 사람에게 대
접하였습니다." 다윗은 그 부자가 못마땅하여, 몹시 분개하
면서, 나단에게 말하였다. "주님께서 확실히 살아 계심을 두
고서 맹세하지만, 그런 일을 한 사람은 죽어야 마땅합니다.
또 그가 그런 일을 하면서도 불쌍히 여기는 마음이 전혀 없
었으니, 그는 마땅히 그 어린 암양을 네 배로 갚아 주어야
합니다." 나단이 다윗에게 말하였다. "임금님이 바로 그 사
람입니다. 주 이스라엘의 하느님이 이렇게 말씀하십니다.
'내가 너에게 기름을 부어서, 이스라엘의 왕으로 삼았고, 또
내가 사울의 손에서 너를 구하여 주었다. 나는 네 상전의 왕
궁을 너에게 넘겨 주고, 네 상전의 아내들도 네 품에 안겨
주었고, 이스라엘 사람들과 유다 나라도 너에게 맡겼다. 그
것으로도 부족하다면, 내가 네게 무엇이든지 더 주었을 것
이다. 그런데도 너는, 어찌하여 나 주의 말을 가볍게 여기

고, 내가 악하게 여기는 일을 하였느냐? 너는 헷 사람 우리야를 전쟁터에서 죽이고 그의 아내를 빼앗아 네 아내로 삼았다. 너는 그를 암몬 사람의 칼에 맞아서 죽게 하였다. 너는 이렇게 나를 무시하여 헷 사람 우리야의 아내를 빼앗아다가 네 아내로 삼았으므로, 이제부터는 영영 네 집안에서 칼부림이 떠나지 않을 것이다.' (2사무 12:1~12)

이 장면에서 성격이 급하고 감정적인 다윗은 나단의 이야기에 뜨겁게 반응합니다. 그러나 그 이입의 결과 다윗은 그에게 강렬한 의분을 느끼게 했던 이야기 속 악당이 바로 자신임을 깨닫는 자리에 서고 맙니다. 우리는 본능적으로 성서에 참여하는 일이 위험하다는 것을 압니다. 처음에 이 책은 우리를 정죄하는 책처럼 보입니다. 더구나 도무지 동의하기 어려운 부분에서 우리를 정죄하는 것처럼 보이지요.

  분명 성서는 이러한 (불합리해 보이는) 정죄의 문제를 다루고 있습니다. 욥기는 하느님과 우리 사이에서 일어나는 건강한 갈등의 본을 보여줍니다. 어떤 면에서는 욥기뿐 아니라 구약 전체가 하느님과 논쟁하는 이들(이를테면 아브라함)의 이야기로 가득 차 있습니다. 성서는 암묵적으로 하느님과 갈등하는 이들을 칭찬하는 것처럼 보이기까지 합니다. 그러니 성서 속으로 들어간다는 것이 그저 성서가 이야기하는 바를 일말의 잠음 없이, 아무 어려움 없이 그대로 받아들인다는 뜻은 아닙니다. 성서에 대한 참여는 그분과 기꺼이 논쟁하고, 때로 저항하면서도, 우리의 분명한 잘못을 깨닫고 마침내 그 사실을 인정하는 그 전 과정을 포함합니다. 성서는 부정직한 순종보다 정직한 항변을 더 높이 봅니다.

성서는 그저 하느님이 언제나 옳고 인간은 언제나 틀렸다고 이야기하는 책이 아닙니다. 성서가 제시하는 기본 진리는 그런 것이 아닙니다. 오히려 성서는 하느님과 인간이 서로를 마주하고서 진심 어린 대화를 나눌 수 있다고 이야기합니다. 대화란 두 인격이 서로의 권리와 자유를 온전히 존중하는 진정한 상호 관계를 전제합니다. 에리히 프롬Erich Fromm이 올바르게 관찰했듯 '계약'covenant이라는 개념은 이러한 관계성을 명징하게 보여줍니다. 하느님을 인간과 유사하게 그리는 이른바 '신인동형론적' 묘사가 목적하는 바 역시 이를 강조하려는 것임을 언급하고 넘어가야겠습니다(물론 성서가 충분히 '정신적', 혹은 '영적'이지 못하다고 생각하는 이들은 종종 이 지점을 불평합니다). 하느님과 인간이 맺는 계약, 대화, 상호성, 상호 존중 그리고 하느님이 인간의 자유와 권리와 품위를 존중하신다는 생각은 모두 하느님과 인간이 솔직하게 인간성을 주고

받을 가능성을 담지하고 있습니다.

주님께서 모세에게 말씀하셨다.
… 모세가 주님께 아뢰었다.

이런 표현에 대한 불평은 그이가 우월하고 신비로운 지혜를 지니고 있다는 증거가 아니라 문자에 묶여 있다는 방증입니다. 이는 불평하는 사람이 빈한한 상상력의 소유자임을 입증할 뿐입니다.

성서를 현대적으로, 공식적인 신앙의 틀 밖에서 읽은 또 다른 예는 직전에 언급한 바 있는 정신분석학자 에리히 프롬입니다. 프롬은 신자도 비신자도 아니며 유신론자라고도, 무신론자라고도 할 수 없습니다. 오늘날 흔히 볼 수 있는 부류지요. 카뮈Albert Camus처럼 프롬도 자신은 "유신론자가 아니"라고 분명히 말했습니다. 이는 자신이 호전적인 무신론자도 아니고, 무신론적 신념에 헌신하는 사람도 아님을 넌지시 드러내느라 신중하게 고른 표현일 것입니다. 하지만 프롬은 이런 유형에 속한 다수와는 다른 면이 있습니다. 그가 주저 없이 밝힌 대로, 어린 시절에 성서와 탈무드를 공부하고 유대교 교육을 받았기 때문입니다. 파졸리니가 그랬듯, 그러나 그와는 완전히 다른 방식으로 프롬은 성서와 인간 사이에 있는 어떤 근본적이고 궁극적인 연관성을 찾으려 했습니다. 그는 성서를 '하느님의 계시'로 받아들이지는 못하는 다수의 독자에게 이 접근이 유효하리라 여겼습니다. 그 다수라면 아마 프롬의 이런 말에 동의할 것입니다.

> 성서는 수천 년 동안 유효했던 수많은 규범과 원칙을 담고 있는 독특한 책이다. 또한, 이 책은 여전히 유효한, 우리가 이루어지기를 고대하는 전망을 선포한다.[1]

이 전망이란 무엇일까요? 프롬에게 이는 인류의 하나됨, "인간이 스스로 힘을 키워 내적 조화와 평화로운 세계를 건설할 수 있"음을 강조하는 '급진적 휴머니즘'radical humanism이었습니다. 분명 이는 신구약 성서가 공히 담고 있는 가장 중요한 주장 중 하나를 제대로 짚은 것입니다.

이것은 아모스의 아들 이사야가 유다와 예루살렘을 두고,

---

1 Erich Fromm, *You shall be as gods: a radical interpretation of the Old Testament and its tradition* (New York: Holt, Rinehart and Winston, 1966), 10. 『너희도 신처럼 되리라』(범우사)

계시로 받은 말씀이다. 마지막 때에, 주님의 성전이 서 있는 산이 모든 산 가운데서 으뜸가는 산이 될 것이며, 모든 언덕보다 높이 솟을 것이니, 모든 민족이 물밀듯 그리로 모여들 것이다. 백성들이 오면서 이르기를 "자, 가자. 우리 모두 주님의 산으로 올라가자. 야곱의 하느님이 계신 성전으로 어서 올라가자. 주님께서 우리에게 주님의 길을 가르치실 것이니, 주님께서 가르치시는 길을 따르자" 할 것이다. 율법이 시온에서 나오며, 주님의 말씀이 예루살렘에서 나온다. 주님께서 민족들 사이의 분쟁을 판결하시고, 뭇 백성 사이의 갈등을 해결하실 것이니, 그들이 칼을 쳐서 보습을 만들고 창을 쳐서 낫을 만들 것이며, 나라와 나라가 칼을 들고 서로를 치지 않을 것이며, 다시는 군사훈련도 하지 않을 것이다.

(이사 2:1~4)

나는 이 사람들을 위해서만 비는 것이 아니고, 이 사람들의 말을 듣고 나를 믿는 사람들을 위해서도 빕니다. 아버지, 아버지께서 내 안에 계시고, 내가 아버지 안에 있는 것과 같이, 그들도 하나가 되어서 우리 안에 있게 하여 주십시오. 그래서 아버지께서 나를 보내셨다는 것을, 세상이 믿게 하여 주십시오. 나는 아버지께서 내게 주신 영광을 그들에게 주었습니다. 그것은, 우리가 하나인 것과 같이, 그들도 하나가 되게 하려는 것입니다. 내가 그들 안에 있고, 아버지께서 내 안에 계신 것은, 그들이 완전히 하나가 되게 하려는 것입니다. 그것은 또, 아버지께서 나를 보내셨다는 것과, 아버지께서 나를 사랑하신 것과 같이 그들도 사랑하셨다는 것을, 세상이 알게 하려는 것입니다. (요한 17:20~23)

프롬은 성서에서 자유가 얼마나 중요한지를 계속 강조합니다. 그는 성서에서 발견한 급진적 휴머니즘에 대해 이렇게 기술합니다.

성서에서 인간의 목적은 완전한 독립이다. 여기에는 허구와 환상을 뚫고 현실을 온전히 알 수 있다는 의미가 암묵적으로 들어있다. 또한, 여기에는 힘에 대한 회의적인 태도 역시 들어있다. 힘은 두려움을 조성하며, 인류 역사는 과거에도, 지금도 이 두려움으로 인해 현실 대신 허구를, 진실 대신 환상을 택해왔다고 성서는 이야기한다.[2]

2 위의 책, 15.

물론 프롬의 말 중 몇몇 지점에 의문을 제기하고 토론하고 싶어 하는 이들도 있을 겁니다. 그러나 자유와 해방이 신구약을 가로지르는 핵심 메시지라는 점만은 분명합니다. 성서는 지속적으로 이집트의 속박에서, 야심만만한 왕들의 부패한 통치에서, 바빌로니아의 포로 생활에서의 해방, 마침내는 인간을 사로잡아 우리를 썩게 만드는 모든 것으로부터의, 인간을 인간 이하의 것에 가두는 모든 것으로부터의 해방을 이야기합니다. 가장 당혹스러운, (이성의 눈으로 보면) 가장 터무니없는 이야기는 하느님이 종국에 모든 인간을 죽음으로부터 해방하려 하신다는 주장일 겁니다. 이것이 사실이라면 우리는 그리스도의 이 말씀을 진지하게 받아들여야만 할 테지요.

진리가 너희를 자유케 하리라. (요한 8:32)

이제 바울의 목소리를 들어보십시오.

그러니 마음을 굳게 먹고 다시는 종의 멍에를 메지 마십시오. (갈라 5:1)

우상숭배는 인간의 자연적 욕구를 이용해 자신의 목적으로 채우려는 이들, 폭력으로 동료 인간을 지배하려는 인류의 사회 구조, 그 구조에 예속된 우리의 상태와 불가분의 관계를 맺고 있습니다. 그렇기에 우상숭배를 금하는 성서의 가르침이 해방의 가르침에 깊이 뿌리내리고 있다는 프롬의 직관은 너무도 옳습니다. 당연하게도, 우상숭배는 영적 폭력의 기본적인 모습입니다. 로마 제국의 우상숭배 강요에 비폭력으로 저항했던 그리스도교 순교자들은 이 점을 분명히 알고 있었습니다.

때로 종교인들은 우리가 신이 없는 유물론 시대에 살고 있으며, 대다수 현대인은 성서의 메시지를 무의미하게 여기고, 냉담한 반응을 보인다고 불평합니다. 하지만 프롬의 이야기는 이와 상반됩니다(그리고 파졸리니의 영화는 그의 주장을 뒷받침합니다).

오늘 우리는 과거 어느 시대보다 히브리 성서를 잘 이해할 수 있다. 비록 새로운 사슬에 얽매이는 오류를 저지르긴 하지만 여하간 모든 형태의 사회적 속박으로부터 해방되려는 움직임이 활발한 혁명의 시대를 우리가 살고 있기 때문이다. ... 역설적이지만, 전통의 굴레에 가장 덜 매여 있으면서

이 시대를 흐르는 급진적 해방의 물결을 가장 잘 아는 이들
이 서구 문화에서 가장 오래된 책(히브리 성서)을 제일 잘 이
해할 수 있다.[3]

본회퍼 또한 현대의 종교 언어에 대해 중요한 문제를 제기
한 바 있습니다. 그는 오늘날 문제는 종교 언어나 개념 자체
에 있기보다 신자들이 그 언어를 사용하는 방식에 있다고 보
았습니다. 그 언어를 관습으로, 생기 없는 어조로 뱉는 텅 빈
말로 만들고 있다는 것입니다. 본회퍼는 신자들과 하느님에
대해 말할 때 민망하고, 답답하고, 불편해지며, 그들이 종교
적인 전문 용어를 남발할 때면 "완전히 할 말을 잃"게 된다고
고백했습니다. 오히려 비종교인들과 자유롭게 "터놓고, 분
명하게" 하느님에 대해 말하게 된다고도 했지요.

　이는 매우 기이한 현대의 문제입니다. 그리고 이를 통해
우리는 다시금 성서가 모든 이의 책이라는 사실을 상기하게
됩니다. 성서는 교회나 신자들에게만 배타적으로 속한 책이
아닙니다. 성서를 향해 진지하게 묻는 교회 밖에 있는 이들
은 신자들이 놓치고 있는 무언가를 볼 수 있을지도 모릅니

다. 본회퍼는 이런 말을 덧붙입니다.

나의 '그리스도인으로서의 본능'은 나로 하여금 종교적 인
간보다는 비종교적 인간의 편에 서게 만든다네. 그것도 그
들을 선교하려는 의도가 아니라 '형제'로서.

성서 전체에서, 그리고 유대인들과 초기 그리스도인들의 역
사를 보더라도 우리는 해방의 신학theology of liberation, 저항의
신학theology of resistance의 토대를 발견할 수 있습니다. 침략자
와 압제자의 거대한 힘에 끊임없이 저항하도록 부름 받은 이
들, 자유의 메시지를 받은 '하느님의 백성'은 약소민족, 포로
로 잡혀간 소수의 무리에 불과했습니다. 그런데 이들이 그
힘에 저항한 방식이 독특했습니다. 그들은 정치적으로 힘이
센 다른 세력과 동맹을 맺지 않았습니다. 그들은 위험해 보
이는, 감추어져 밝히 드러나지 않은 약속, 그러나 진실한 하
느님의 약속에 의지했습니다. 바로 이 억압당하는 땅에서,
영적 저항을 이어가도록 하느님께서는 그들을 부르셨고 프
롬이 '급진적 휴머니즘'이라고 부른, 성서 저변에 흐르는 휴
머니즘의 씨앗을 심으셨습니다. "가난하고 무력한 이들을
위한 정의, 하나로 연합된 평화로운 인류"에 대한 예언자적

전망은 고향을 잃은 이들, 성전조차 빼앗긴 유대인들의 비극적 상황과 암울한 처지에서도 환하게 빛났습니다.

성서의 메시지가 무엇보다 가난한 이들, 무거운 짐을 진 이들, 압제 받는 이들, 혜택 받지 못한 이들을 향해 선포되었다는 사실을 간과하지 말아야 합니다. 마르크스가 이런 지점에 편승했다는 점을 굳이 상기할 필요는 없겠습니다. 실제로 그는 성서가 본래 지배 계급이 고안해 낸 사기이며, 신비를 수단으로 피지배계급을 속여 그들이 자신의 처지를 숙명으로 여기게끔 고의로 만들어 낸 책이라고 여겼습니다. 이 책이 마르크스의 주장(종교는 인민의 아편이라는 주장)에 대해 그리스도교를 변증하는 자리는 아니니 이쯤에서 넘어가겠습니다만 마르크스의 혁명적 종말론조차 대체로 성서 저변에 흐르고 있는 흐름에 기반하고 있음은 지적해 두겠습니다. 이 지구상에 인간이 존재하는 궁극적 의미는 역사 속에서 발견되어야 하며, 마침내 불의한 압제는 그에 상응하는 벌을 받고, 압제 받던 이들은 응분의 보상을 받는 날이 오리라는 전망, 역사가 그 마지막 심판을 향해 나아가고 있다는 이야기는 성서의 핵심 메시지 중 하나이기 때문입니다.

성서는 인간이 종국에 이루어질 정의와 평화의 나라를 세우는 하느님의 동역자라고 이야기한다는 점 역시 마르크스의 이야기와 통하는 면이 있습니다(1고린 3:9, 골로 1:39, 필립 4:13, 에페 1:15~23 참조). 물론 성령의 능력이 구원받은 이들을 '이끌어' 온 인류가 평화와 화해라는 역사적 운명을 이루리라고 본 바울의 신비적 역사관(에페 1:9~13)과 국가의 소멸 및 계급투쟁을 주장하는 변증법적 역사관에는 크나큰 차이가 있습니다. 그럼에도 마르크스주의가 성서와 유대-그리스도교의 메시아주의라는 유구한 전통에 깊이 영향받은 산물임은 부인할 수 없습니다. 역사 아래에는 근원적인 계획이 흐르고 있으며, 인간의 자유로운 참여가 그 궁극적 목적을 실현하는 데 결정적인 역할을 한다는 자각, 그 신비로운 종말론적 전망은 유럽 문명 근간에 있는 성서와 그리스도교라는 배경 없이는 불가능했을 것입니다.

'말씀을 듣는' 경험을 묘사한 현대 예술 작품을 하나 더 살펴보겠습니다. 바로 윌리엄 포크너William Faulkner의 소설 『음향과 분노』The Sound and the Fury입니다. 앞에서 살펴보았듯 작가가 교회에 다니거나 신자의 외피를 두르지 않았더라도 그의 작품은 심오하리만치 성서에 기반을 둘 수 있습니다. 제도 종교가 제공하는 통상적인 위로가 있어야만 우리의 삶을 바로 볼 수 있는 것은 아닙니다. 그런 것 없이도 삶의 문제들을 대면하며, 그 어려움을 실존적으로 깊이 경험하는 예술인들, 외따로 떨어져 삶의 문제들과 씨름하는 고독한 예술가들을 우리는 종종 찾아볼 수 있으며 포크너는 그런 예술가 중 한 사람입니다. 그가 『우화』A Fable라는 작품을 통해 명백히 종교적인, 그리스도교적인 우의가 담긴 이야기를 쓰는 일에 골몰했음은 잘 알려진 사실입니다. 하지만, 안타깝게도 이 책은 그의 실패작 중 하나가 되었습니다. 오히려 그런 의도를 덜어내고 그리스도교적인 내용을 덜 의식했던 소설에서 포크너는 성서 메시지의 핵심을 관통하는 데 성공했습니다. 어슴푸레하면서도 고도로 역설적인 방식으로 그의 작품은 이 일을 해냅니다. 『8월의 빛』Light in August 같은 작품에 들어 있는 비극적인 아이러니는 그 극단적인 예입니다, 대다수 독자는 이 작품이 비뚤어진 그리스도론을 담고 있다고 여겨 이를 읽으려 하지 않고, 그 사상에 반감을 품기까지 하지만 말입니다. 이 작품에 대해서는 다른 기회에 다루어 보고 싶습니다.

『음향과 분노』 이야기로 돌아가겠습니다. 음향과 분노의 마지막 장에서 포크너는 작은 흑인 교회에서 드리는 부활절 예배를 묘사합니다. 이 장면은 성서를 통해 일어나는 깊은 체험, 성서의 메시지(즉 하느님의 메시지)를 진실한 마음으로 듣는 경험, 믿음으로 설교하고 신실하며 소박한 회중이 이를 신앙으로 받는 경험이 빚어내는 가장 진실하고도 감동적인 순간을 그려냅니다. 인류를 향한 말씀, 우리에게 주어진 말씀을 듣는다는 것의 의미를 그처럼 강력하고 설득력 있게 통찰해 낸 미국 작가는 거의 없다고, 아니 전혀 없다고 보아도 무방합니다.

이 지점에서 우리는 성서, 우리가 '읽는' 책이라 여기는 그 책이 본래는 특정 무리, 그 메시지와 호흡을 맞춰온 무리가 '낭송'하며 또 '듣던' 글임을, 구전 전승들의 모음임을 기억해야 합니다. 성서는 애초에 개인이 음미하던, 학자들이 연구실에서 면밀히 탐구하던, 명상 장소에서 홀로 탐독하던 인쇄물이 아니었습니다. 성서는 입에서 입으로 전해지던 메시지였으며 예언, 역사, 선포, 이야기, 찬양 시, 애가 등의 집합체였습니다. 공동체는 생생한 의례를 거행하기 위해 회당, 혹은 교회(하느님의 말씀을 듣고 응답하기 위해 부름 받은 이들의 모임인 '에클레시아'ἐκκλησία)에 모여 이 본문을 큰소리로 읽거나, 영창하거나, 노래하거나, 낭송했습니다.

성서의 메시지는 공동체와 모임의 정체성을 세우고 굳건히 하려는 성격을 지니고 있었습니다. 그렇기에 말씀이란 그저 이해하는 것에 머물 수 없었습니다. 말씀은 예배를 위한 것으로, 공동체가 함께 믿고 응답하며 받아들이고 확증하며 찬미하고 감사를 드리는 것이었습니다. 성서를 온전히 이해하려면 이를 알아야 합니다. 유대교와 그리스도교 성서를 이해하는 작업은 학자나 전문가들의 전유물이었던 적이 없습니다. 이 작업은 언제나 무리가, 공동체가 함께 드리는 예배의 산물이자, 말씀을 받은 공동체의 경험이 세대를 거치며 전해진 결과였습니다. 물론 여기에는 복잡다단한 측면이 있습니다. 인간의 일이며 문화적 현상인 이상 명료히 해석되지 않는, 어쩌면 부패한 요소까지도 포함되어 있을 테지요.

이러한 지점을 기억하며 『음향과 분노』 이야기로 돌아가 보겠습니다. 이 작품에서 포크너는 부활절 예배 장면을 묘사하며 미국 남부인, 흑인, 교회의 가장 진실한 모습뿐 아니라 인간 존재의 총체적 의미, 그 전형을 제시합니다. 근본적으로 성서에 바탕을 둔 용어를 사용해서 이를 그려내지요. 흑인 요리사 딜시의 단순성은 포크너의 다른 작품에 등장하는 인물의 복잡성과 비교해 봄직합니다(다른 작품들에서도 포크너는 같은 유의 예술적 해법을 제시하려 한 바 있지요). 무엇보다 딜시는 그리스도인이며 그녀의 투명함과 명료함은 바로 그 사실에서 비롯됩니다. 이 점에서 그녀는 소설 속 어떤 인물보다도 돋보입니다. 딜시는 포크너의 작품에서 유일하게 모호하지 않은, 온전히 그리스도인인 인물입니다(『어느 수녀를 위한 진혼곡』Requiem for a Nun에 나오는 낸시 마니고는 그녀에 비해 얼마나 모호한지 모릅니다).

제이슨 콤슨의 집안(딜시가 요리사로, 가정부로 일하는 집안입니다)에는 이 책의 제목이 고스란히 녹아있습니다. 소란함, 분노, 광기, 격정, 증오, 갈등, 잔인함이 집안에 그득합니다(포크너의 단골 메뉴지요!). 하지만 딜시가 자신의 친척, 그리고 백치이자 백인인 벤지 콤슨과 교회를 향하는 걸음에는 다른 흐름이 있습니다. 그들의 걸음은 폭력의 세계로부터 단순하고 가난하며 정직하고 성서가 전하는 진리의 세계를 향해 나아가는 장엄한 행렬과도 같습니다.

딜시가 자신의 친구와 친척을 데리고 예배를 드리러 가는 엄숙하고 단순한 행진은 성서와 깊은 차원에서 조응합니다. 이 행진은 성서의 핵심 주제인 '유월절'과 이집트 탈출 사건, 심판의 땅에서 구원을 받아 광야로, 약속의 땅으로 향하는 발걸음과 같습니다. 그리고 이 걸음은 죽음과 부활을 통해 "이 세상을 떠나서 아버지께로"(요한 13:1) 향하는 그리스도의 이집트 탈출, 그리스도의 걸음이 됩니다. 부활절의 참된 의미란 그리스도인들이 그리스도, 하느님의 백성과 함께 '이집트'로부터 약속의 땅을 향하는 여정에 부름 받았다는데 있지요.

콤슨 집안은 실로 광폭하고 헛된 세계, 일종의 이집트이며 제이슨은 변덕을 부리며 타인을 노예 삼으려 갖은 수를 쓰는 파라오입니다. 이러한 세계의 끝에 위태롭게, 간신히 걸쳐 있는 커다랗고도 신기한 장난감처럼 묘사된 흑인 교회는 구원받은 공동체에 대한 종말론적 상징이라 할 수 있습니다. 구원으로의 비밀스러운 초대를 '듣는' 이들은 함께 모여 자연스레 교회를 형성하고 해방의 말씀을 이해하며 이를 기립니다. 이곳은 두려움으로부터, 또 지옥으로부터 자유로울 뿐 아니라 무의미, 증오, 혼돈, 제이슨 콤슨이 집착하는 바알세불의 왕국(이는 일종의 상징입니다)으로부터도 자유롭습니다.

물론 흑인 교회라고 늘 정직하지는 않습니다. 방문 설교자인 루이스 목사는 학식 있는 백인 설교자의 언변을 흉내 내려 하지요. 그러나 "어린 양을 떠올리고 어린양의 피를" 보는 순간 그의 전체 어조는 바뀝니다. 그는 투박하기는 하지만 사랑스러운 시와 같은 설교를 전하고, 이에 온 회중이 응답합니다. 순식간에 설교는 삶에 사랑과 구원과 화해의 의미를 전하는 그리스도교의 메시지로, 구원의 역사로 응축됩니다. 딜시의 뺨을 타고 눈물이 흐릅니다. 얼굴이 환해진 그녀는 "처음과 끝을 보게" 됩니다.

이 지점에서 이야기의 분위기와 속도는 급작스럽고도 비

범하게 전환됩니다. 세고그 목사가 돌연 야심 가득한 종교인에서 말씀의 예언자로 변모된 일(이는 마치 오순절 성령강림 때 일어난 변화를 연상시킵니다)은 비단 독자들에게 재미를 주려는 문학적 장치만은 아닙니다. 이 변화는 깊은 차원에서 성서에 바탕을 두고 있으며 포크너가 의식한 것 이상으로 그렇습니다. 이야기는 해방 및 이집트 탈출와 관련된 신약성서의 깊은 이해를 열어줍니다. 이 장면은 겉모습뿐인, 죽어 있는 문자로부터 생명을 주는 거룩한 영으로, 점잖게 종교 의례들을 준수하는 데 갇힐 수 없는 살아 있는 영으로의 이동을 그립니다. 그렇게 관습적인 종교의 거짓되고 지루한 거만함의 복판에서 말씀의 능력은 불꽃으로 타오릅니다.

이에 상응하는 딜시의 변화 역시 너무도 성서에 일관되게 등장하는 흐름과 일치합니다. 그녀의 변화는 내적 성숙의 열매입니다. 그녀를 보노라면 이것이 감지됩니다. 이 변화는 그녀에게 임한 카이로스, 밝은 빛이 비치는 때, 짐을 내려놓는 때, 온 세계와 모든 역사 그리고 성서가 한데 모이는 때, "처음과 마지막"이 드러나는 순간, 창조하시며 구원하시는 성령의 능력을 만나는 때입니다. "처음과 마지막"을 본다는 것은 묵시의 그리스도the Christ of the Apocalypse, 알파이자 오메가, 모든 것을 이미 이루셨으며 끝내 승리하실 그분을 본다는 뜻입니다.

딜시가 결정적 순간을 체험할 수 있었던 것은 시간에 대한 그녀의 감각이 성서에 뿌리내리고 있었기 때문입니다. 『음향과 분노』에 등장하는 각 인물의 시간 감각은 각기 다르면서도 전체적인 조화를 이룹니다. 마치 음악에서의 대위법처럼 각 인물의 시간 감각은 각기 흐릅니다. 이 부분을 이해하는 것이 이 소설의 열쇠입니다. 백치 벤지의 경우 순수 자연의 시간, 낙원 상태의 시간, 시간이 없는 시간을 살아갑니다. 그에게서 과거와 현재와 미래는 하나로 모여 있으며 그렇게 그는 순수하게, 본능에 충실하게 현재를 체험합니다. 종교 이전, 문명 이전의 시간을 살아갑니다. 이와 달리 퀜틴 콤슨은 째깍대는 시계에 집착하다 결국 시간의 괴롭힘을 못이겨 자살합니다. 사업가 제이슨은 증권 시세표와 시간표를 읽고, 전보를 보내며 살아갑니다. 두 사람은 문명화되고 이성적이며 순전히 추상적인 시간의 그물에 사로잡힌 채 살아가는 이들의 전형입니다.

이에 비해 딜시의 시간 감각은 완전히 성서에 뿌리내리고 있습니다. 그녀의 시간은 시계로 측정되지 않습니다. 그녀는 부엌 시계가 다섯 시를 가리키면 "흠, 여덟 시군"이라고 말합니다. 딜시의 시간은 생물이 자라나는 충만함의 정도로 측정됩니다. 유유히 자신의 때를 따라 익어가는 삶의 때, 그것이 그녀의 시간입니다. 딜시는 이 서서히 이루어지는 성숙의 완만한 속도를 받아들이고, 강제하지 않으며, 마침내 무르익은 열매를 기뻐하는 사랑의 때를 살아갑니다(이와 달리 제이슨은 시간을 포함한 모든 것을 통제하려 합니다). 그녀의 시간 감각은 성서 전체에 스며 있는 시간 감각과 일치합니다. 결정적 순간을 맞을 준비가 이미 되어 있었던 셈입니다. 딜시만이 온전하고도 명확하게 시간이 '구원받는' 일에 대해 알고 있습니다. 이는 성서가 진정으로 강조하는 점 중 하나입니다. 일, 사건, 그 모든 삶의 맥락 속에서 듣고, 응답하며, 계시를 받고 마침내 "짐을 내려놓는" 역동, 그것이 성서의 특성입니다. 이는 특히 시간에 대한 우리의 경험에 일대 변혁을 일으킵니다. 추상적이었던 경험이 구체화됩니다.

IV

성서에 무엇을 기대해야 하는가?

모든 종교 고전은 인류에게 삶의 내적 의미, 삶의 방식에 관한 핵심을 전수해 주려, 우리 자신에 대한 이해, 공동체의 이해에 대한 근본적인 변혁을 일으킬 수 있는 열쇠를 가져다 주려 분투했습니다. 또한, 이 고전들은 모두 얼마간은 각 시대와 역사에 대한 응답이기도 했습니다. 때로는 시대와 역사 모두를 근본적인 망상으로 보고 거부하기도 했습니다(이 역시 역사에 대한 한 가지 반응이라고 할 수 있습니다). 성서는 다른 모든 종교 고전과 견주었을 때 도드라지는 독특한 특성이 있습니다. 이 특성을 이해해야 합니다. 그래야 다른 고전에서 더 선명하게 내비치는 부분, 그곳에서 더 잘 찾을 수 있는 부분을 성서에서 찾으려는 기대를 품지 않을 테니까요.

성서가 인간 존재의 의미를 밝히 드러내는 책, 이를 추구하는 책이라고 말할 때 우리는 주의해야 합니다. 현실을 구성하는 기본 요소를 규명하고, 묘사하며 그 이해를 바탕으로 올바른 삶을 위한 공식 혹은 자기 초월을 완성할 수 있는 공식을 알려주는 여타 종교 문헌들과 성서는 다릅니다. 그와 같은 형이상학적 이해, 신비주의적 접근, 윤리적 가르침이 담긴 종교 문헌들과 성서를 세심하게 구별할 필요가 있습니다.

학자들이 밝힌 대로 성서와 동방의 종교 문헌 사이에는 밀접한 관계가 있습니다. 창세기의 창조 이야기는 고대 근동에서 회자되던 신화와 관련이 있음을 우리는 알고 있습니다. 이 지점에서 성서는 분명 신화적 언어로 종교적 진리를 표현하고자 했던 고대 문헌들과 공통점이 있습니다. 엘리아데 Mircea Eliade 같은 학자가 말했듯 원형적 상징 양식, 근원으로 돌아가고자 하는 역동, 구심점을 향하는 성향, 만다라와 같은 양식, 종교의식을 강화하려 의례를 제정하려는 욕구 같은 것들로 집단과 개인의 무의식 사이의 공명을 일으킨다는 점은 고대 종교 문헌과 성서가 공유하는 특성입니다.

이외에도 여타 고대 종교 문헌들과 성서는 여러 면에서 비교해 봄직합니다. 유대인들 사이에서 사후 세계 관념을 분명하게 발전시키기 전부터 『베다』와 같은 문헌은 불멸, 영생에 대한 깊은 갈망을 신화적 신들을 찬미하고 기림으로써 표현했습니다. 자기 초월의 지혜, 연합, 정신 집중 등 존재의 형이상학적인 일치와 요가 의식을 다룸에 있어 『우파니샤드』는 가장 심오한 명상 문헌일 것입니다.

중국 도교의 경전인 『도덕경』과 장자의 저서들은 『베다』나 『우파니샤드』에 비해 덜 사변적이며 보다 직접적인 관점을 보여줍니다. 이들 역시 존재의 근원을 찾으려 애쓰나 이를 신비적 명상이나, 추상적인 사유보다는 일상에서 초월을 온전히 감지하는 방식으로 터득하려 합니다. 이처럼 현실을 중시하는 중국의 사유는 부처의 가르침(인도에서 그의 가르침은 추상적이고 철학적인 형태를 띠었지만, 힌두교의 사변보다는 단순하고 구체적이었습니다)과 결합해 사변적이거나 체계적이지 않은, 그러면서 존재의 근원을 직관하는 '선불교'를 낳았습니다.

선불교는 권위 있는 모든 종교 문헌을 노골적으로 거부합니다. 이러한 선불교는 여러 면에서 성서와 상반되지만 유사한 지점도 있습니다. 구체적인 사건들, 구체적인 사물들, 우리가 살아가는 시간에 특별한 관심을 기울인다는 점, 개개의 인격의 자발적인 행위, 그 실존성을 강조한다는 점에서는 성서가 가르치는 신앙과 비슷하지요(이때 우리는 하느님에 대한 교리, 교리에 대한 명제를 믿는 것과 자신의 존재와 정체성이 완전히 바뀌는, 인격적이며 불가해한 사건으로서의 신앙을 신중하게 구별해야 합니다).

중국의 유교 고전의 경우에는 근 3천여 년간 동아시아 문명에 자리하면서 삶의 다방면에 영향을 끼쳤습니다. 특히 도덕성을 함양하고 인격을 도야하는 데 깊은 관심을 기울였습니다. 유교에서 '군자'가 되는 일은 개인이 홀로 하는 훈련만으로는 이룰 수 없으며 공동체 내에서 서로 책임을 지고, 서로 관계를 맺으며 이에 대한 감각을 함양하는 중에 이루어집니다. 성서도 그렇습니다. 유교 윤리와 성서의 지혜 문학에서 이야기하는 윤리 사이에는 많은 공통점이 있습니다. 이러한 윤리적 지혜는 기원전 5세기 무렵부터, 인간이 인격과 책임, 자유에 대해 의식하게 되던 시기(칼 야스퍼스Karl Jaspers는 이를 '축의 시대'라 불렀지요) 전 세계에서 거의 보편적으로 발전했습니다. 당연한 일입니다. 인간의 타고난 자원과 기본적으로 지닌 인간성, 거기서 비롯된 능력과 욕구가 그러한 윤리의 근간이며 이러한 인간성은 인류 공통의 것이기 때문입니다. 그러나 이를 다룬 모든 책 중에도 성서는 도드라집니다. 그러한 발달 과정에 대해 성서만큼 깊고 통찰력 있는 관점을 제시하는 고대의 책은 없습니다.

성서는 여타 윤리, 형이상학적 지혜들을 그리스도교식으로 변주한 기록이 아닙니다. 인류가 의미 있는 존재로 살아갈 수 있도록 해주는 우주에 대한 독보적으로 행복한 가설도 아닙니다. 성서는 단순히 하느님을 설명하거나, 그분의 본성, 존재, 특성, 내면을 알려주려는 책도 아닙니다. 성서는 우상의 거짓됨과 헛됨에 단호히 맞서며 그분의 실재를 확고하게 내세우는 데 비상한 관심을 기울이지만, 하느님에 대한 형이상학적 명제를 변증하려 하지는 않습니다. 오히려 성서는 변증하기보다 선언합니다. 그러면서도 하느님의 절대적인 존재를 확고히 선언하는 일을 신비 속에, 역설 속에 미완성인 채로 남겨둔 듯 보이기도 합니다.

성서는 하느님에 대해 만족스럽게 묘사해 낸 척, 그분을 완전히 설명해 낸 척하지 않습니다. 그렇다면 우리는 성서가 하느님을 제1 원인으로 삼아 물리적 우주에 대한 과학적 설명을 제시하려 노력하지 않음을 알아야 합니다. 때로 성서가 세상에 대해 '설명'하는 일도 있습니다만, 그런 설명은 성서의 주요 주제가 아닙니다. 성서는 과학적 용어와 일대일로 대응되지 않는 언어, 시적인 언어, 신화적인 언어로 기록되었음이 분명합니다. 성서에 기록된 6일간의 창조 이야기를 진화 발전 과정과 동일시하는 것은 과학을 성서와 일대일로 대응시키려는 시도의 한 가지 예입니다.

성서는 그리스-로마 문화 및 유럽 문화에 동화되었으며, 성서의 사상은 그리스-로마 학문 및 철학과 통합되기도 했습니다. 그러나 성서의 사상을 포함한 유럽 문명과 성서 자체를 혼동해서는 안 됩니다. 그렇게 혼동했다가는 곤란해집니다. 현대의 과학적인 세계관은 특정 세계관과 충돌하며, 현대의 세계관으로 세상을 보는 우리 눈에 하느님은 이 세계에 대한 해묵은 설명에 삽입된 무언가라 여기게 되기 때문입니다. 이때 하느님은 과학이 해명하지 못하는 빈틈을 메우는 역할 외에 별 소용이 없어지고 맙니다. 과학으로 이해할 수 있는 부분이 많아질수록 하느님은 저 먼 곳으로, 우리의 내면으로, 사적인 부분으로 밀려나게 됩니다.

본회퍼가 말했듯, 하느님은 이 세상에 대해 우리가 다 알 수 없는 부분을 임시변통으로 막는 마개가 아닙니다. 단순히 우리의 사적인 문제들에 궁극적인 답을 해주는 원천도 아닙니다. 달리 말하면 하느님은 그저 우리가 우리의 한계에 이를 때에야 만나게 되는 그런 분이 아니라는 겁니다. 오히려 그분은 우리 존재의 근거이자 중심입니다. 비록 우리는 우리가 그분을 향해 가고 있다고 느끼고, 일상 너머에 계신 분께 닿으려 애쓰고 있다고 여기더라도, 실은 우리는 그분으로부터 출발하여 언제까지나 그분 안에 머물러 있습니다. 그분은 우리 존재와 모든 현실의 근거이시기 때문입니다.

하느님은 그저 이 세계 너머의 세계, 모호한 그 '어딘가'에 계신 분이 아니며 미지의 그늘에 숨어 계시지도 않습니다. 알게 될수록 더 멀리 달아나시는 그런 수수께끼가 아닙니다. 그분은 우리가 아는 모든 것의 근거이시며 실은 우리의 지식 자체가 그분의 현현입니다. 실재하는 모든 것의 원인이 아니라 오히려 실재 자체가 그분의 현존을 드러냅니다. 이런 지점을 묘사하는 본회퍼의 언어는 심오하리만치 성서에 바탕을 두고 있습니다. 세상을 살아가며 겪는 갈등, 개인들이 경험하는 위기로부터 내적 세계로 도피를 꾀하는 행태, 그런 것만을 추구하는 '비세속적' 신앙을 그는 철저히 배격하기 때문입니다. 성서는 '영원'으로의 도피를 가르치지 않습니다. 성서는 우리가 자신을 지키기 위해 과거를 돌아보고, 내면을 성찰하여 평화를 얻으라고 가르치지 않습니다. 이런 것들은 성서와는 무관한 다른 문화, 다른 영적 유산입니다. 본회퍼는 말합니다.

우리는 우리가 모르는 것 속에서가 아닌 우리가 아는 것 속에서, 미해결된 문제들 속에서가 아니라 이미 해결된 것에서 ... 하느님을 발견해야 한다네. 우리가 우리의 극한에 이르는 그 끝에 다다르기까지 기다려서는 안 되네. 그분을 죽음에서뿐 아니라 우리 삶의 중심에서 발견해야 해. 고통에서뿐 아니라 건강과 활력 속에서, 죄 속에서만이 아니라 정상적인 움직임들 속에서 그분을 발견해야 해.[1]

성서는 이런 의미에서 '세속적'입니다. 성서에서 선언하는 하느님은 우리 삶의 한가운데에서, 우리가 하는 일에서, 우리가 맺는 관계 속에서, 그들과 나누는 우정, 아내와 아이들과 사랑 하는 중에, 우리의 유희와 기쁨의 한복판에 계십니다. 이와 달리 우상은 대상화되며 삶의 주변부에 자리합니다. 우상은 삶의 외부에서 특정 영역만을 관장합니다. 우상이란 실은 우리의 파편화된 욕망과 열망의 투사일 뿐이기 때문입니다. 인간은 자신의 한계에 부딪힐 때라야 그들을 찾아나서며, 우리의 능력과 재주가 다 고갈될 때 빈 곳을 채우려 그들을 부릅니다. 그러나 성서가 증언하는 하느님은 단순히 우리의 힘과 지성을 보강해 주는 대체품이 아니며 오히려 우리의 힘과 지성이 선 땅이자, 그 실재입니다.

---

1 Dietrich Bonhoeffer, *Prisoner for God: Letters and Papers from Prison*, 191.

성서가 말하는 하느님은 명징한 실재입니다. 그분은 분명한 현존이며 힘입니다. 그 생생한 현존을 우리가 잘 상상할 수 있도록 때에 따라 성서는 그분을 신인동형론의 언어로 묘사하기도 합니다. 물론 고대의 이해부터 보다 복잡하고 섬세한 이해로의 진전이 있었음도 분명합니다. 하지만 성서는 선과 악의 문제와 같은 거대한 형이상학적 주제들에는 상대적으로 덜 관심을 기울입니다. 플라톤과 같은 철학자들이 남긴 저술에 견주었을 때는 그렇게 보입니다. '고통의 문제'와 같은 고약한 주제들도 해명할 문제, 숙고해 보아야 할 신비로 다루기보다 애초에 불가사의하며, 늘 그곳에 있는 실존적 사실로 여기는 편입니다. 성서에서 고통을 노골적으로, '문제'로 다루는 책인 욥기에서는 고통받는 욥이 자신을 위로하러 온 현인들의 해명을 조롱합니다. 그리고 결국 하느님께서 직접 등판하셨을 때 그분은 문제에 답을 주고, 해결해 주시는 대신 그저 우리가 문제로 여기는 고통에 대한 답은 실상 없다고 강력하게 말씀하십니다. 그분은 인간 자체를 대등한 문제로 다루시며 어쩌면 인간이 인간의 문제라는 그 사실의 중심에 하느님이 계신다고 말씀하실 뿐입니다. 그러다 별다른 해명 없이 그저 욥의 '행복한 결말'이 이어지지요.

성서가 말하는 윤리도 마찬가지입니다. 윤리에 관해서는,

아마 성서보다는 유교의 경전들이 한결같고, 명료하며, 유용합니다. 일관성이 있는 데다, 보다 이해하기 쉬운 윤리 체계를 갖고 있기 때문입니다. 반면 성서를 읽노라면 우리는 늘 난해한 도덕적 문제들과 맞닥뜨리게 됩니다. 성서 본문은 제각기 다른 시기에 기록되었고, 인류가 거쳐온 여러 단계를 품고 있으며 그렇기에 본문끼리 쉬 조화를 이루지 못하기 때문입니다. 바울은 우리의 신앙과 하느님을 향한 순종의 모범으로 아브라함을 꼽았습니다만, 아브라함은 본인의 장자를 인신 공양하려 했던 인물입니다. 그리고 이미 구약의 예언자들은 인신 공양을 비난했지요. 이 외에도 구약이 칭송하는 다수의 인물이 "하느님의 마음에 들게" 했던 일들은 오늘날 우리의 윤리 기준에서 용인되기 어려운 경우가 얼마나 흔한지 모릅니다. 성서 속 영웅들의 자질로 종종 잔인함, 속임수, 노골적인 기회주의를 꼽는 경우가 있다는 사실에 놀라거나 충격을 받을 필요는 없습니다.

아우구스티누스는 야곱이 했던 거짓말에 대해 그가 실상 애매한 차원에서는 진실을 말하려 했음을 입증하려 했습니다만, 우리는 그를 변명해 주느라 아우구스티누스와 같은 궤변의 기예를 발휘할 필요는 없습니다. 야곱은 그의 아버지와 형에게 거짓말을 했습니다. 이 오래된 이야기의 초점은 그가 진실한 인물이었다는 데 있지 않으며, 조상들의 축복과 유산을 자신의 자손들에게 전했다는 데 있습니다. 이는 올바른 행위에 관한 이야기가 아니라 합법적인 정체성에 관한 이야기, 선택받은 민족이라는 정체성, 아브라함의 약속과 축복의 상속자라는 정체성에 대한 이야기입니다. 물론 여기서 '합법적'이라는 말은 아주 오래된 원시적 의미를 따릅니다.

그러니 우리는 성서에서 무엇을 기대해야 할지를 명료히 해야 합니다. 현실의 근원을 꿰뚫는 형이상학적 통찰력을 얻거나 인간이 하는 모든 행위에 적용할 수 있는 도덕 원리를 세우거나, 신비로운 빛과 황홀경을 통해 자기 초월에 이르는 명상 훈련을 하는 것 등은 성서가 추구하는 바와 거리가 멉니다. 성서는 우주가 어떻게 작동하는지에 대한 신학적으로, 혹은 철학적으로 정연한 설명을 하려 하지도 않습니다. 과거에 성서의 우주기원론cosmohony을 과학 지식을 대체하는 것으로 이해했던 이들은 결국 궁지에 몰렸고, 이들의 판단 착오는 후대 신자들에게 지워지지 않는 수치로 남았습니다.

긴 시선으로 보면 이런 점이 분명해집니다. 성서가 분명히 담고 있는 것이 아닌 무언가를 성서에서 발견하려 했던 모든 시도는 이 거룩한 책에 대한 편향된 독해로, 끝내는 왜곡으로, 그릇된 시각으로 치달았습니다. 이에 많은 현대인은 성서를 미심쩍어하게 되었고, 신자들조차 성서에 깊이 발 담그기를 두려워합니다. 하지만 우리가 성서를 있는 그대로 읽을 줄 알게 된다면, 그 속에 들어있는 다양한 면모에 때로 혼란을 겪을 테지만, 그럼에도 문제는 훨씬 줄어들 것입니다. 물론 성서를 있는 그대로 온전히 받아들이는 일이 쉽지는 않습니다. 우리에게는 성서를 편향되게 해석하는 경향이 있기 때문입니다. 이 협소한 해석에는 성서의 일부분, 제한된 부분만이 담길 뿐인데도 우리는 그렇게 합니다. 그러고서는 그 한 가지 관점을 '신앙'이라 부릅니다. 그러나 이는 실은 신앙과 반대됩니다. 우리의 삶이 그렇듯 성서 역시 다차원적이며, 역설적이고, 서로 충돌하는 요소들이 있습니다. 우리의 편향은 그 복잡함 속으로 파고들어 성숙해질 책임에서 도피하는 것에 다름 아닙니다. 우리는 우리를 불편하게 하는 부분을 배제하고, 그것을 몰이해 속에 방치해서는 안 됩니다. 우리는 우리를 당황시키는 현실을 껴안아 받아들임으로써 하나가 되는 길을 찾아야 합니다.

우리의 선입견, 우리의 한계로 쪼그라들지 않도록, 정해진 답을 가지고 성서를 열지 않도록 애써야 합니다. 또한, 성서를 대함에 있어 지름길로 가고픈 유혹, 절반의 진실에 안주하고픈 유혹을 이겨야 합니다. 우리의 편견에 안성맞춤인 편안한 해석으로 성서를 협소하게 만들면 결국 우리는 성서를 오해하다 못해 진리를 위조하는 데 이르게 될 것입니다. 우리가 가진 편견이 종교적인 것이어도 결론은 같습니다. 성서 해석의 역사는 성서를 '종교적으로' 이해하다 환원주의 전략에 얼마나 손쉽게 빠져들었는지를 보여줍니다. 우리는 각양각색을 지닌 성서에 있는 어마어마하게 다채로운 내용을 한데 녹여 보다 다루기 쉽게, 단순한 형태로 주조하곤 했습니다. 그 안에 들어있는 진실한 난점들은 무시한 채 그렇게 했지요. 그러다 심각한 문제가 발생하면 교묘하게 피하거나, 문자가 뜻하는 바를 마법처럼 다른 뜻으로 변형시키곤 했습니다.

　오늘날만큼 문서를 잘 다루는 기술이 발전하지 못했던 시대에는 이 또한 용인되었을 것입니다. 실제로 중세 혹은 교부 시대의 우의적 해석은 그 나름으로 창조적 가치를 지니고 있었으며 에두른 길을 통해 뜻밖의 통찰에 이르곤 하는 일도 왕왕 있었습니다. 게다가 우리가 듣고자 하는 바를 반영한 단순 도식으로 성서를 축소하는 방법은 우의적 해석만 있는 것이 아닙니다. 엄밀한 학문 비평의 이름으로도 그와 같은 일은 잘 일어납니다. 그러한 이름을 빌려 학자들은 외적인 세부 사항에 집중하느라 본문의 내적 의미를 무시하곤 합니

성서에 무엇을 기대해야 하는가?　|　99

다. 불트만Rudolf Bultmann이 아무리 탁월한 성서학자라 할지라도 그가 내세운 '탈신화화'가 신화를 제거함으로써 성서에서 그리스도교의 순수하고 본질적인 정수에 다다를 수 있으리라는 뜻이라면, '환원주의'라는 규탄을 면할 수 없을 것입니다(저로서는 불트만이 정말 이를 의도했는지는 확신이 없습니다).

성서를 읽을 때 우리는 각 성서 저자가 의도한 바, 그 실제적인 의미를 찾기 위해 객관적이고도 현실적인 태도를 취해야 합니다. 이는 그들이 신화를 사용했다는 사실이 그들의 의도에 들어 있으니 신화까지를 포함해 성서를 이해하려 노력해야 한다는 뜻입니다. 신화를 배제하거나 없애는 것이 아니라 포함시켜야 합니다. 동시에 이 책이 한 권으로 모이고 정경으로 확정된 무렵에는 이 책을 하나의 전체로 읽었다는 사실도 경시해서는 안 됩니다. 성서 안에 있는 각 책은 제각기 독특한 성격을 지니고 있고, 문학적으로도 폭넓은 양식을 지니며, 다채로운 역사적 배경 속에 쓰였다는 사실을 존중하면서 동시에 성서가 분리될 수 없는 한 권의 책이며 동일한 신학적 메시지를 전달하고 있다는 사실 역시 기억해야 합니다. 그러려면 불가피하게 성서 바깥에 있는 무언가, 즉 전통과 함께 읽어야 할 테지요. 전통을 어떻게 이해해야 하느냐는 또 다른 문제이지만, 적어도 성서에 여러 저자뿐 아니라 다수의 편집자가 참여했다는 것은 분명한 사실입니다. 그러니 우리는 저자들의 의도와 더불어 편집자들의 의도 역시 고려해야 합니다. 편집한다는 것은 곧 해석한다는 뜻이며 이는 성서 본문에 이미 다양한 층위가 존재함을 보여줍니다.

성서를 읽는 독자가 성서를 '하느님의 말씀'이라고 신학적으로 인정하며 신앙하는지, 신앙이라는 관념을 어떻게 이해하는지와 무관하게 성서를 이해하기 위해서는 성서의 저자들과 편집자들이 품었던 생각을 받아들여야 합니다. 그렇지 않으면 성서에 대한 이해는 시작될 수 없습니다. 성서는 독자들에게 인격적인 참여를 요구하며, 결단을 촉구하고, 자유 가운데 헌신하고, 궁극의 질문에 판단을 내리고, 그에 수반되는 내적 분투를 요구한다고 그들은 믿었습니다. 이를 받아들이는 것이야말로 성서를 이해하는 첫 번째 걸음입니다.

여기서 '이해'는 두 가지 층위를 모두 요구합니다(이에 대해서는 불트만이 이야기한 바 있지요). 이해의 첫 번째 층위는 예비적 차원에서 본문의 의미를 풀어내는 '선이해'Vorverständnis입니다. 이러한 이해는, 주로 학문 연구로 얻게 되는 지식을 통해 가능해집니다. 두 번째 층위의 이해는 통찰입니다. 이 지점에서 이해는 더욱 깊어집니다. 우리의 인격이 본문에 참여하고 관계를 맺으며 우리는 통찰에 이릅니다. 이 지점에 이르러서야 우리는 성서를 진정으로 파악할 수 있습니다. 성서 저자와 편집자가 성서를 기록하는 일에 착수한 것도 이 두 번째 지점에 이르렀을 때 일어난 일입니다. 이 차원이 반드시 모호하고 신비로울 필요는 없지만, 반드시 인격적이어야 합니다.

첫 번째 층위에서 역사비평은 필수적입니다. 그러나 안타깝게도 이 예비 지식만으로는 전체를 이해할 수 없습니다. 전체를 이해하는 지식은 두 번째 층위에 속해 있으며 첫 번째 층위는 두 번째 층위를 위한 예비 단계입니다. 안타깝게도 오늘날 이 예비 작업을 성서 연구에서 최종적인 의미인 양 취급하며, 인격적으로 본문과 연결되고 통찰을 얻는 데에는 이르지 못하는 경우가 너무나 많습니다. 성서가 때로 다채롭고 때로는 기이하며 때로는 생동감 넘치고, 신선하며 경우에 따라 감동적이기까지 하지만 그 외에는 별스럽잖은, 권할 만하지는 않은 책으로 여기는 경향은 이와 결코 무관하지 않습니다. 성서에 있는 말들이 하느님께서 "살아있는 씨앗으로 심어주신 말씀"(야고 1:21)이 되지 못하면, 살아있는 약속, 우리를 도전하는, 우리 삶과 연결된, 우리가 우리 자신을 헌신해야 할 말씀이 되지 못하면 성서는 그저 기이하고 낯선 책으로 남아 있게 될 것입니다.

V
성서로 들어가면
어떤 일이 일어나는가?

이제 "살아있는 씨앗"을 이해하고 받아들이는 과정을 생각할 차례입니다. 씨앗이 움트고 또 자라나는 역동에 대해 생각해 봄으로써 우리는 기술만을 강조하는 신학에서 벗어나 성서를 진지하게 읽는(문학 작품으로서라도 진지하게 읽는) 이에게 어떤 일이 일어나는 것을 보게 될 것입니다.

'신앙'으로 성서를 읽을 때뿐 아니라 (성서를 읽는 동안만은) 불신앙을 기꺼이 유보하고 성서에 참여하는 이들에게도 이 일은 일어납니다. 이 기꺼이 불신앙을 유보하는 마음은 창조적인 무언가를 즐기기 위한 필요조건이라 할 수 있습니다. 성서를 하느님의 말씀으로 '믿지' 않더라도, 독자가 이 책을 진지하게 받아들인다면 그에게는 그런 일이 일어납니다. 성

서는 성서를 읽는 이들이 삶의 근본 문제들을 마주하는 자리
로 그들을 이끕니다. 그렇다고 제가 이 자리에서 호교론자들
의 흔한 주장에 맞장구를 치는 것은 아닙니다. 호교론자들은
이러한 지점을 과장하곤 했고, 성서가 우리를 향해 걸어오는
도전을 이용해 사람들의 죄책감과 두려움을 불러일으키고,
자기 자신에 대해 불만을 갖도록, 그래서 흔들리는 마음에
교회에라도 가야 하지 않을까 하고 생각하도록 만들기도 했
습니다. 성서를 일종의 고발장으로 활용한 것이지요.

본회퍼는 이 지점을 통렬히 비판했습니다, 그리고 그의 영
향을 받아 출현한 '세속적 그리스도교'secular Christianity는 인간
의 불안, 실존의 불안을 조롱하는 경향을 보였습니다. 이 불
안은 바울과 아우구스티누스, 파스칼, 키에르케고어에 이르
기까지 성서에 대한 그리스도교 이해에서 거의 본질에 해당
한다고 여겼던 부분이며, 실제로 그리스도교인들에게 매우
친숙한 관점이기도 합니다. 이러한 관점은 고뇌, 회심, 갱신
에의 바람이, 삶의 실제적인 위기가 성서를 진지하게 읽게
만든다고 가정하는 듯합니다. 하지만 이는 지나치게 격하고,
극적인 관점입니다. 이처럼 성서를 읽을 때 일어나는 감정적
인 측면을 지나치게 강조하고, 인간이 비극 속에 격변을 겪
을 때야 비로소 하느님의 말씀이 지닌 능력을 경험하게 된다

는 식의 암시를 주면 문제가 생깁니다. 이런 관점은 실상 우리가 지적으로 또한 영적으로 미묘하게 부정직해지게 만들 위험이 있습니다.

성서에 완전히 압도당해 제대로 몰두하고 응답하지 않으면 안 되는, 애매한 채로는 스스로에게도, 자신의 삶에도 진실하지 못한 것이 되는 이들도 있지만, 이보다는 덜 극적으로 응답하는 이들도 있기 마련입니다. 이들도 성서를 읽으며 회심을 경험하더라도 앞서 언급한 이들에 비하면 잔잔하고, 느릿하고, 사려 깊게, 거의 무의식적으로 이를 경험합니다. 하느님의 진노에 두려워 떨지 못한다면 성서가 가르치는 핵심을 놓쳤다고 말하는 사람들과 이들은 다릅니다. 이들은 그렇게 느끼지 않습니다. 이런 이들은 예언서보다는 지혜서를, 묵시록보다는 잔잔한 신약의 비유들을 묵상하면 됩니다. 자신이 도저히 빠져나오기 힘든 위기에 처했다고 느끼며 성서를 찾든, 그저 삶에 관해 무언가 의미 있는 이야기를 해 주는 책으로 여기며 성서를 묵상하든, 독자의 진실한 응답은 기본적으로 그 성격이 같습니다. 이제 성서와 진지하게 마주했을 때 일어나는 경험에 대해 좀 더 자세히 살펴봅시다.

첫째, 성서를 진지하게 마주하면 성서가 이론이나 사상이 아닌 사건을 다루는 책임을 알게 됩니다. 물론 그리스도교와 유대교라는 종교 체계는 성서에 바탕을 두고 있습니다. 하지만 성서의 메시지는 그런 체계로 환원될 수 없습니다. 성서의 메시지는 사건들을 통해 우리에게 전달됩니다. 이 사건들은 인류, 하느님의 백성, 그리고 우리 한 사람 한 사람에게 어느 정도 분명한 의미를 내포하고 있습니다.

둘째로 눈여겨볼 것은 이 사건들의 성격입니다. 이들 사건은 하나같이 우리가 미처 예상할 수 없던 일, 자유로운 간섭 혹은 자유로이 모든 것을 뚫고 들어온 개입이라는 공통점을 보입니다. 의지들의 충돌에서 비롯되는, 종종 놀랍고도 극적인, 폭발력 있는 사건들이지요. 좀 더 친숙한 언어를 쓰자면, 성서에서 하느님과 인간은 충돌하고 있으며 하느님이 이 세계로 뚫고 들어오심으로 놀라운 사건들이 일어납니다. 이런 면모를 보다 세련된 언어로 풀자면 이렇게도 말할 수 있습니다. 개인으로서 인간, 좀 더 흔히는 집단 속, 사회 속 존재인 인간은 어떤 목적을 이루도록 운명 지워진 존재입니다. 그런데 이 목적은 인간 자신이 스스로 진실이라 여기는 것, 자신의 운명이라 여기는 것과 충돌합니다. 그렇기에 그는 이 부름에 즉각 동의하지 못합니다. 그 부름은 인간의 깊고 진실한, 삶 자체가 달성하고자 하는 가능성이나, 인간은 이를 거부합니다. 인간은 그렇게 스스로 파멸을 향해 치닫습니다. 파멸을 향해 가고 있다는 경고에 귀 기울이기를 거부하다가는 인간은 끝내 완전히 파괴되는 위기에 이를 것입니다. 그러나 감히 생각지도 못했던 과분한 구조의 손길이 인간을 그 파멸에서 빠져나오도록 이끕니다. 하느님은 그렇게 인간에게 새로운 기회를 주십니다.

셋째로 주목할 것은 '인간'입니다. 우리의 성향, 우리의 생각, 우리는 그런 것들을 따라 살지만, 선해 보이는 것을 따르더라도 우리는 잘못을 저지르고, 부정직에 빠집니다. 아무리 선해 보이는 것도 우리를 온전히 보호해 주지 못합니다. 인간은 다른 목소리를, 한층 불가사의하면서도 보다 직접적인 명령을, 존재의 중심에서 나오는 목소리를 들어야 합니다. 삶과 죽음의 궁극적 주인이신 야훼, 이름은 없으나 늘 깨어 우리와 함께하시는 분, 아우구스티누스의 표현을 빌자면 우리 자신보다 우리와 더 가까이 계신 그분을, 그분이 우리 각자에게 뜻하신 바가 있음을 알게 됨으로써 우리는 그 깊은 곳, 우리의 참된 정체성에, 자유에 다다릅니다. 그분의 명령은 그곳까지 이릅니다.

우리 내면의 진리에 충실하고, 또 우리 삶의 현실에 충실하려면 우리 가장 깊은 곳에 있는, 그러면서도 우리를 완전히 넘어서는 진리에 충실해야 합니다. 그 진리가 이를 요구합니다. 우리의 타고난 성정으로는 예측할 수 없던 명령이 이 깊은 내면의 중심에서 나옵니다. 하느님이 그곳을 통해 우리에게 도움을 주십니다. 이 도움은 우리에게 절대적으로 필요하나 우리는 이를 우리의 마땅한 권리라 주장할 수 없습니다. 성서는 우리가 이 가장 깊고 내밀한 명령을 의심하고 불복하는 성향을 타고난다고 덧붙입니다. 우리의 가장 깊은 근원과 우리 눈에 친숙해 보이는 피상적인 정체성이 언제까지나 다투고 있습니다. 우리는 이 피상적인 정체성을 '나 자신'으로 받아들이는 경향이 있습니다. 내적이면서도 초월적인 자유의 근원에서 나오는 목소리보다 이편을 선호합니다. 하지만 성서는 우리 안에 있으면서도 우리를 넘어서는 그 초월적 의지보다 피상적 자아를 선호하는 우리의 성향이 우리에게 재난을 불러온다고 가르칩니다. 역사 속에서 특정 인물들과 하느님의 백성을 번갈아 하나하나 보여주면서 그것을 알려줍니다. 어떤 관점에서 볼 때는 그 결과가 꼭 재난은 아니며, 뒤에서 일어난 재난과 앞에서 일어난 일 사이에 필연적인 이유는 없어 보입니다. 이는 논리에 따른 귀결이기보다 두 개의 의지, 두 개의 자유 간의 독특한 관계, 인간의 의지와 하느님의 의지가 맺는 독특한 관계로 인한 일이기 때문입니다. 이 두 의지의 일치, 화해, 온전함의 회복 없이 인간은 참된 평화와 행복을 누릴 수 없습니다.

우리 안에 자리한 분열은 고통과 밀접하게 이어져 있습니다. 고통이 그러한 분열에 따르는 벌이라는 뜻이 아닙니다. 그러나 고통은 우리에게 어떤 변화를 촉구합니다. 무언가 잘못되었음을 느끼지 못하면 우리는 상황을 변화시키려 무언가를 하지 않을 것입니다. 고통은 무질서의 징후이며 우리가 그 메시지를 이해하게 된다면 어떻게 다시금 하느님과 화해와 일치를 이룰 수 있을지 익히게 될 것입니다. 하느님의 의지와 인간의 의지 사이의 투쟁으로 찢긴 자아는 고통의 진원지입니다. 이런 자아를 보호하고 그 분열은 결연히 이어가면서 고통일랑 모조리 제거해 버리려는 그릇된 결단, 우리의 그 결단 속에 고통의 문제는 머물러 있습니다.

넷째, 이 분열, 두 자유가 벌이는 갈등, 둘이 서로 다른 두 차원에서 벌이는 역사 속 상호 작용은 고정되어 있지도, 멋대로 흘러가지도 않습니다. 이 갈등은 무언가를 형성하는, 진행 중인 관계이며 발전합니다. 궁극적 자유(하느님의 자유)에 참여하고, 그 자유와 상호작용하며, 또 그분과 약속을 맺음으로써 인간의 자유는 발전하고, 배우고, 자랍니다. 이 모든 과정을 이 갈등은 암시합니다.

이 지점에서 성서에서 아주 중요한 개념인 '계약'이 등장합니다. 여기서 계약은 그저 법적인 상호 합의, 그러니까 엄격한 의무 조항을 정하고 협약을 위반했을 때 처벌을 규정하는 그런 것이 아닙니다. 본질상 이 계약 사상은 유한한 인간, 조건부의 자유를 누리는 인간과 무한한 자유이신 하느님께서 상호 약정, 협정을 맺었으며 상호 협력을 약속했다는 뜻입니다. 노아, 아브라함, 모세가 하느님과 계약을 맺었다는 뜻은 그들이 하느님의 참된 자녀라는 뜻이며, 하느님께서 당신이 창조하신 세계를 관리하고 사용하는 과업을 함께 하도록 그들을 부르셨다는 뜻입니다. 이는 인간이 역사 속에서 하느님이 하시는 일에 함께 참여하는 존재가 되었음을 뜻합니다. 우리는 전능하며 불가사의한 어떤 권능에 맹목적으로 복종하고 굴종할 수밖에 없는 노예가 아닙니다. 우리에게는 하느님의 자유에 응답할 수도 있고 하지 않을 수도 있는 자유와 권리가 있습니다. 그분과 인간이 계약을 맺었다는 것은 그런 뜻입니다. 하느님께서 우리와 계약을 맺으심으로써 우리는 우리의 자유를 그분에게 넘기는 것이 아니라 오히려 우리의 자유를 확증하게 됩니다. 모든 사건을 인도하시는 자유와 계약을 맺음으로써 우리의 자유는 자라고 완성됩니다.

다섯째, 이 지점에서 두 약속(신약과 구약) 사이의 관계가 분명해집니다. 신약과 구약은 그저 부르기 편리한 이름 이상입니다. 그리스도교인들이 성서라고 이해하는 그 책을 읽는 다는 것은 성서 전체를 구약과 신약의 상호 관계 속에서 읽는다는 뜻입니다. 신약에서 아브라함과 모세의 계약이 어떻게 완성되었다고 주장하는지를 보십시오. 바울에 따르면 이 자유는 율법에서부터, 율법에서조차 해방될 것을 요구합니다. 더는 율법의 세부 사항에 복종할 의무가 없습니다. 우리는 그로부터도 자유로워지며 그렇게 자유가 완성됩니다. 바울은 애초에 율법이 목적하는 바가 자유였다고 이야기하며, 구약의 아브라함과 모세의 계약 역시 이 자유 안에서 성취됩니다.

여섯째, 바로 이 지점에서 그리스도 사건이 부각됩니다. 이 지점은 그리스도교와 유대교가 완전히 갈라서는 첨예한 지점입니다. 신약성서는 하느님이 자신을 비우셔서 인간이 되시고 인간의 손에 넘어가 죽기까지 순종하셨다고, 하느님이 그렇게 자신을 드러내셨다고 주장합니다.

여러분 안에 이 마음을 품으십시오. 그것은 곧 그리스도 예수의 마음이기도 합니다. 그는 하느님의 모습을 지니셨으나, 하느님과 동등함을 당연하게 생각하지 않으시고, 오히려 자기를 비워서 종의 모습을 취하시고, 사람과 같이 되셨습니다. 그는 사람의 모양으로 나타나셔서, 자기를 낮추시고, 죽기까지 순종하셨으니, 곧 십자가에 죽기까지 하셨습니다. 그러므로 하느님께서는 그를 지극히 높이시고, 모든 이름 위에 뛰어난 이름을 그에게 주셨습니다. 그리하여 하늘과 땅 위와 땅 아래 있는 모든 것들이 예수의 이름 앞에 무릎을 꿇고, 모두가 예수 그리스도는 주님이시라고 고백하여, 하느님 아버지께 영광을 돌리게 하셨습니다. (필립 2:5~11)

이제 하느님의 말씀은 사건일 뿐만 아니라 인격체입니다. 사도들에 따르면 성서 전체의 의미와 전체 내용은 그리스도에 관한 '메시지'가 아닌, 인간이자 하느님의 말씀인 부활하신 주님, 살아있는 그리스도와의 만남을 통해 드러난다고 말합니다. 그러니 성서는 예수 그리스도를 "보냄 받은 자"로, 메시아로, 기름 부음 받은 주님으로 깨달아 그와 인격적인 만남을 통해 완성됩니다. 그 안에 모든 질문과 모든 답이, 모든 소망과 모든 의미가, 모든 문제와 모든 해답이 있습니다. 우리 삶의 의미는 예수 그리스도에 관해 궁리함으로써가 아니라 그에게 전적으로 헌신하고 그의 오심, 그의 죽음, 그의 부활 사건에 참여함으로써, 달리 말하면 그가 살았던 삶을 살아감으로써 얻게 됩니다.

신약성서에서 가장 거대한 질문, 모든 질문을 포괄하는 질문은 '그리스도는 누구인가. 그분을 만난다는 것은 무슨 뜻인가?'입니다. 여기에 '인간이 어떻게 이 사건에 참여할 수 있으며, 그리스도의 생명에 들어갈 수 있는가? 어떻게 사람의 아들과 함께할 수 있을까?'와 질문들이 이어지지요. 이 책은 이런 질문을 세세히 다루는 자리가 아니기에 신약성서는 이러한 물음에 '십자가의 말씀 안에'서 그 일이 가능하다는 답을 제시한다는 점만을 언급하겠습니다. 자기 자신의 만족을 중심에 두느라 자유가 제한되었던 피상적인 자아, 자기중심적 자아는 그리스도 안에서 진리와 거룩함, 정의 안에 새로이 창조된 인간, 궁극적 자아, 그리스도 중심의 자아에 항복합니다.

> 하느님의 형상을 따라 참 의로움과 참 거룩함으로 지으심을 받은 새 사람을 입으십시오. (에페 4:24)

그리스도의 십자가 안에서 회복된 우리의 자유는 더는 자기를 중심으로 돌아가는 환상에 함몰되지 않습니다. 우리의 깊은 내면, 우리 존재의 중심이 형제와 만나고, 우리는 그 근원에서 말씀하시는 그리스도의 영에 의해 움직입니다. 은총으로 우리와 하나가 된 하느님의 영에 복종함으로 우리는 자유의 정상에 다다릅니다. 이제 우리는 온전히 다른 이를 위해 존재하며, 더는 우리의 작은 한계에 뒷덜미를 잡히지 않습니다. 하느님 나라를 건설하는 일은 그렇게 성령 안에서 서로를 사랑하는 이들 간의 일치와 평화로 그 모습을 드러냅니다. 하지만, 불행히도 신자들조차 이러한 사랑과 이타성에 이르는 데 실패합니다.

성서를 읽으며 우리 자신이 문제임을 깨닫지 못하면, 우리는 결코 이 자유의 역동으로, 이러한 이해로 들어갈 수 없습니다. 성서는 화해와 일치의 책입니다. 그러나 그곳에 이르기 위해서는 우리 안에 자리한 근원적인 분열, 일치와 화해에 반발하는 마음을 끌어내 자각하는 일이 선행되어야 합니다.

이 분열에 대한 고통스러운 깨달음을 통해 우리는 역사 속으로, 그 뼈아픈 현실 속으로 걸음을 내딛게 되며, 무책임과 본능에 분별없이 빠져들지 않게 됩니다. 역사 속으로 걸음을 내디딘다는 것은 해야 할 일이 생기는 것, 어떤 운명을 감내하는 것, 자기 자신과 타인에 대한 지난한 의무를 다하는 것을 뜻합니다. 하느님이 인간을 자유로 부르셨다는 말은 인간이 이 사랑의 세계를 건설할 수도 있고, 그 일을 거절할 수도 있다는 뜻, 탐욕, 미움, 욕정, 살해의 욕구에 사로잡힌 자리에 머물기로 결정할 수도 있다는 뜻입니다. 이와 관련해 프롬은 이야기합니다.

> 인간은 본성을 따라 사는 존재이면서 또한 스스로를 인식하고 선택함으로써 본성을 넘어서는 존재다. 인간은 이 실존의 분열에 시달리고 있으며 이 분열의 문제는 앞으로 나아가야만 해결할 수 있다. 다시금 자기 자신이 되기 위해, 더 높은 차원에서의 본성과 하나가 되기 위해, 사람은 자기 자신에게서, 본성에서 멀리 떨어져 나와 세계 속 이방인이 되는 경험을 할 필요가 있다. 주체로서의 자신과 대상으로서의 세계의 분열을 극복하려면 인간은 그 분리를 경험해야만 한다.[1]

하느님과 분리됨으로써, 혹은 우리 안에 있는 가장 깊은 진리인 그리스도로부터 분리됨으로써 우리는 우리 안에 있는 가장 실재하는 것, 가장 진실한 것으로부터 분리됩니다. '원죄'original sin라는 신학적 표현은 어느 감미로운 동산에 살던

---

1 Erich Fromm, *You Shall Be As Gods*, 88.

원시 조상이 창조주와 맺은 불공정 계약(그렇게 보이는 계약)의 파기로 인한 결과, 혹은 계약을 지키지 못한 도덕적 무능을 일컫는 말이 아닙니다. 오히려 나의 경험에 갇힌 자아를 참된 나로 여기고 피상적인, 겉모양뿐인 자아를 자기 자신과 동일시하면서, 우리 안에 있는 저 분리와 분열을 부정하거나, 잘못된 방식으로 해소하려는 지속적인 경향을 일컫는 말입니다. 우리는 타인을 차단하고, 또 우리의 의식으로는 더는 통제할 수 없는 자유, 깊은 내면에 자리한 자유와 단절하고, 피상적이고 일시적인 차원에서 자아의 통일성을 확립하려 합니다. 그렇게 손쉽게, 상대적으로 안전하다는 느낌에 안주하며, 더 쉽게 관리할 수 있는, 우리의 기대에 부응하는 정체성을 스스로 고안해 냅니다.

그러나 이는 거짓 정체성입니다. 이 정체성은 한낱 부분에 불과하며 우리 한 사람 한 사람의 참된 인격성은 드러내지 못합니다. 그렇게 진실한 내적 자아에서 잘려 나온 채로, 우리는 가면을 쓰고 고립된 존재, 반쪽짜리 허구에 머뭅니다. 임의로 부여받은 역할들을 수행하느라 최선의 에너지를 소진해 버립니다. 우리 자유의 참된 근거, 가장 은밀한 곳에 자리한 우리의 근원, 진실로 우리의 고유한 부분, 진실로 우리가 요구받는 바에 우리의 힘을 쏟지 못합니다.

사회는 우리가 가면을 쓰라고 부추기며, 매우 열렬히 그렇게 합니다. 우리 내면에 자리한 명령, 우리의 자유, 하느님의 아들은 사회가 주입한 몇몇 규범들로 대체됩니다. 그편이 우리에게 더 쉬운 일입니다. 현대의 용어를 쓰자면, 우리는 성령의 자유로움보다는 초자아의 지배를 선호합니다(에페소인들에게 보낸 편지 4장, 로마인들에게 보낸 편지 8장, 고린토인들에게 보낸 편지 3장을 보십시오).

　즉, 우리는 선택의 기로에 서 있습니다. 우리는 부분에 불과하며, 분열되고, 단절된 자아에 갇힌 채 '나' 중심의 이익을 위하기로, 개인의 이익을 체계적으로 구조화한 사회에 나를 맞추어 살아가기로 선택할 수 있습니다. 아니면 저 안전하고도 협소한 체제를 뚫고 들어오는 '말씀'에, 나를 위한 (실은 진실로 나를 위한 것인지 불확실한) 가치를 산산이 부수는 말씀에 응답할 수 있습니다. 더 높고, 더 근본적인 자유라는 위험으로 걸음을 내디디라고 도전하는 말씀에 반응할 수 있습니다. 이에 응답하면 우리는 스스로만을 위해 쌓아두었던, 나를 둘러싼 안전한 성체를 세우려 했던, 그 협소한 자아에서 해방될 수 있습니다. 그때 이 세계를 해방하는 십자가라는 혁명에 동참하도록 우리가 부름 받았음을 경험합니다. 우리가 역사의 주인이신 분께서 구원하시는 능력에 참여하며, 그 역동

속으로 부름 받았음을 깨닫습니다. 우리가 그분께 속한 존재임을, 그분의 진리에 속하였음을 자각하고 우리 각자의 삶과 또 인류의 역사를 이끌어가시는 힘을, 그분의 사랑을 체험합니다.

성서의 메시지를 제대로 파악하는 이에게는 놀라운 이해가 열립니다. 성서의 핵심 내용, 진실로 말하는 바, 성서가 하는 독특한 주장은 다음과 같습니다.

인간과 인간의 삶이 지닌 내적 진리는 어떤 사건을 통해 드러납니다. 이 사건은 위기이기도 하고 심판이기도 하며 결정적인 시간이기도 합니다. 그것은 바로 하느님이 역사에 직접 개입하신 사건입니다. 의심스럽기도 하고, 의문스럽기도 한, 그러나 결정적인 이 사건이 걸어오는 도전에 인간은 그의 깊은 자유로 참여할 수도, 허울 좋은, 허다한 변명을 대며 이 사건과 마주하기를 피할 수도 있습니다. 그가 회피하기를 선택하면 그의 자유는 정당성을 잃고 저당 잡히며, 몰수됩니다(하지만 기회가 단 한 번은 아닙니다. 다른 상황에서 그는 다시 이 사건과 마주할 수 있고, 다시금 기회를 받을 수 있습니다). 이 만남이 제대로, 온전히 이루어지면 우리의 자유와 지고의 자유이자 영이신 분, 사랑이시며 '역사의 주인'이신 그분 사이에 새로운 관계가 형성됩니다. 이와 동시에 다른 동료 인간과의 관계 역시 새로워집니다. 우리는 자신을 위해 사는 대신 이웃을 위해 살게 됩니다(이상적으로는 그렇습니다). 우리가 모두 그처럼 타인을 향한 이타적인 관심을 기울이고 그러한 하느님의 활동에 참여한다면 그때 인류 역사는 정점에 이를 것입니다. 모든 인간에게서 하느님이 드러나고, 그러한 면에서 인류는 눈에 보이는 그리스도가 될 테니까요.

성서는 이처럼 단순히 종교 체계를 세워가는 것보다 훨씬 깊은 것에 관심을 둡니다. 어떤 의미에서는 '종교적인' 책을 훌쩍 넘어서지요. 칼 바르트 역시 진작 성서 안에 있는 이 갈등, 신앙과 '종교' 사이에 흐르는 긴장을 지적한 바 있습니다. '종교'란 무엇입니까? 지고의 존재, 지고의 선을 높이는 공손한 숭배 예식입니까? 합당한 예배로 깨닫고, 희생 제사로 기리며, 그를 달래는 몸짓, 보속의 행위, 겸손히 호소하는 기도입니까? 루터Martin Luther는 이러한 '종교 행위'와 '신앙'을 대비했습니다. '하느님께 이것을 하면 그분이 나에게 자비를 베풀어 주시겠지' 하고 자신을 스스로 안심시키는 행위는 '종교 행위'에 지나지 않습니다. 적나라한 죄와 혼돈 가운데 하느님과 마주침으로 깨어나는 신앙은 이런 행위와는 구분됩니다. 불트만에 따르면 종교란 영원 속에서 도피처를 찾으려는 '구속 신화'redemption myths입니다.

> (이 세계 너머 무언가를 향한) ... 인간의 열망, 세속 세계를 벗어나 영혼만이 살 수 있는, 세계 위에 있는 어떤 곳을 발견하려는 인간의 갈망. 종교란 그런 것이다. 종교에서 인간은 하느님과 함께 홀로 있는 존재다. ... 종교는 이 세상에서 삶을 빚어가는 것이 아닌, 향방 없는 제의 행위로 그 모습을 드러낸다.[2]

이는 분명 다분히 성서와는 거리가 먼, 헬레니즘의 관점입니다(물론 많은 사람이 성서를 그런 식으로 해석해 오기는 했습니다). 하지만 성서는 그저 '영혼'에 호소하는 것 이상의 역할, 이 세계에서 우리를 구출하는 확실한 처방전을 제시하는 것 이상의 역할을 해 왔습니다. 성서는 이 세상, 세상을 살아가는 모든 이에게 관심이 많으며, 성서를 이루는 대부분의 책은 '이 세계 너머 저 먼 곳'보다는 세상 속에서 함께 하시는 하느님을 향하고 있습니다. 본회퍼가 말했듯 '너머'의 세계는 무한히

---

2 Hans Werner Bartsch(ed.), *Kerygma and Myth* (New York: Harper & Row, 1961), I, 14.

먼 곳이 아닌, 바로 우리 곁에 있습니다.

성서는 하느님과 인간 사이에 영원한 간극이 있다고 보지 않으며, 종교 행위로 그 간격을 메우려 하지도 않습니다. 성서는 그러한 종교 행위보다 용서, 자녀 됨, 은총, 자유와 사랑, 공동체를 이야기합니다. 이처럼 보다 신비롭고도 한층 삶에 맞갖은 언어, 우리와 그분 사이의 영적 일치를 표현하는 말들로 성서는 하느님과 인간의 화해를 보여줍니다. 그렇게 종교 행위들은 그 의미를 잃습니다. 한때 무한한 심연을 건널 방도였던, 아주 멀리 있는, 그러나 강력한 권력의 비위를 맞추는 수단이었던, 정치 놀음을 뒷받침하는 도구였던 종교 행위들은 그 의미를 상실합니다. 성서는 종교를 넘어서는 책이라고 할 때 이는 하나의 선포입니다. 성서는 하느님께서 그리스도 안에서 자신을 비우심으로써 우리 한 사람 한 사람, 공동체와 자신을 일치시키셨다고 선포합니다.

성서는 종교 의례와 종교성을 중시하는 경향을 종종 드러내면서도, 동시에 시시때때로 조직화되고 체계화된 '종교'에 의문을 제기합니다. 특히 예언자들, 신약 저자들에게 그러한 면모가 두드러집니다. 안식일 준수 문제로 그리스도와 유대교 사이에 발생한 갈등은 종교적 실천에 관한 문제를 두고 일어났습니다. 신실한 종교인이었던 바리사이파 사람들이 예수의 혁명적 설교, 논란 가득한 그 설교에 경악한 것도 그들 편에서는 온당했습니다. 예배를 두고 그리스도는 완전히 새로운 방식을 제시했으니까요(마태 6:1~19, 15:1~20 등 참조).

예수의 선포를 '좋은 뜻'으로 한 일, '아무에게도 피해를 주지 않는' 일이면 무엇이든 관용해 주라는 온화한 종교적 무관심이나 정치적 회의주의로 해석하고, 신약성서가 이를 옹호한다고 여긴다면(자유주의 그리스도교인들이 흔히 이렇게 생각합니다) 이는 성서를 완전히 오해한 것입니다. 파졸리니의 날선 통찰을 통해 살펴보았듯, 복음서가 그리는 예수는 온순하고 관용적이기는커녕 지극히 철저한, 비타협적인, 요구가 많은 모습을 지녔음을 기억해야 합니다.

어떤 면에서 그리스도는 토라보다 더욱 무자비한 요구를 사람들에게 합니다. 그는 전혀 반종교적인 인물이 아니었습니다. 그는 자신이 종교법을 파괴하기 위해서가 아니라 법을 넘어서려, 완성하러 왔다고 이야기했습니다.

내가 율법이나 예언자들의 말을 폐하러 온 줄로 생각하지 말아라. 폐하러 온 것이 아니라, 완성하러 왔다. 내가 진정으로 너희에게 말한다. 천지가 없어지기 전에는 율법은 일점일획도 없어지지 않고, 다 이루어질 것이다. 그러므로 누

구든지 이 계명 가운데 아주 작은 것 하나라도 어기고 사람
들을 그렇게 가르치는 사람은, 하늘 나라에서 아주 작은 사
람으로 일컬어질 것이요, 또 누구든지 계명을 행하며 가르
치는 사람은, 하늘 나라에서 큰 사람이라고 일컬어질 것이
다. 내가 너희에게 말한다. 너희의 의가 율법학자들과 바리
사이파 사람들의 의보다 낫지 않으면, 너희는 하늘나라에
들어가지 못할 것이다. (마태 5:17~19)

이처럼 혁명적인 요구를 한 이유는 그의 관점이 전적으로 종
말론적이기 때문이었습니다. 그는 낡은 종교 의례가 성행하
는 사회의 종말이 임박했음을 예견했습니다. 온통 파편화된,
분열된 세계, 각자의 신을 섬기고 각자의 의례를 행하며, 이
를 통해 자신의 정체성을 새기고, 내세우는 세계가 마지막
에 이르렀음을 예견한 것입니다. '종교적 인간'religious man이
그간 외쳐왔던 '나의 하느님'은 이제껏 그가 속한 부족, 나라,
그가 섬기는 왕의 '신'에 불과했습니다.

　이때 '나의 하느님'은 민족과 나라에 속한 신이며, '그들의
하느님'이 아닙니다. 이 신은 '우리'를 위하며 나머지 모든 이
를 반대합니다. '종교'가 이처럼 순전히 자신의 집단 정체성
을 강화하기 위해서만 존재한다면, 예언자들과 사도들이 선

포한 보편주의universalism는 그 종교를 폐기할 것입니다. 이렇게 보면 성서에서 종교란 점진적으로 심판을 받게 되리라는 점이 분명합니다. 이를 문제시하는 이는 인간이 아니라 하느님입니다. 신약성서는 (실은 구약에서도) 종교 자체가 청산되고 말 날이 오리라고 단언합니다. 이 지점에서 '성전' 문제가 뜨겁게 대두됩니다. 예수는 무엇보다 성전을 파괴하려 했다는 혐의로 십자가에 달렸음을 기억하십시오. 스데파노가 돌에 맞은 이유도 그가 더는 성전이 쓸모없다고 선언했기 때문이었습니다.

그런데 지극히 높으신 분께서는 사람의 손으로 지은 건물 안에 거하지 않으십니다. 그것은 예언자가 말하기를 "주님께서 말씀하신다. 하늘은 나의 보좌요, 땅은 나의 발판이다. 너희가 나를 위해서 어떤 집을 지어 주겠으며 내가 쉴 만한 곳이 어디냐? 이 모든 것이 다 내 손으로 만든 것이 아니냐?" 한 것과 같습니다. 목이 곧고 마음과 귀에 할례를 받지 못한 사람들이여, 당신들은 언제나 성령을 거역하고 있습니다. 당신네 조상들이 한 그대로 당신들도 하고 있습니다. 당신들의 조상들이 박해하지 않은 예언자가 한 사람이라도 있었습니까? 그들은 의인이 올 것을 예언한 사람들을 죽였고,

이제 당신들은 그 의인을 배반하고 죽였습니다. 당신들은 천사들이 전하여 준 율법을 받기만 하고, 지키지는 않았습니다. (사도 7:48~53)

신약성서의 종말론, 그리고 예언서와 묵시록의 종말론은 모두 하느님과 사람을 매개한다는 구실로 실상 하느님의 자리를 대체하면서 사람과 사람 사이의 장벽이 되는 '종교'라면, 그것이 어떤 모양이든 단호히 거절합니다. 이사야서에 그 선명한 예가 나옵니다.

너희 소돔의 통치자들아! 주님의 말씀을 들어라. 너희 고모라의 백성아! 우리 하느님의 법에 귀를 기울여라. 주님께서 말씀하신다. "무엇 하러 나에게 이 많은 제물을 바치느냐? 나는 이제 숫양의 번제물과 살진 짐승의 기름기가 지겹고, 나는 이제 수송아지와 어린 양과 숫염소의 피도 싫다. 너희가 나의 앞에 보이러 오지만, 누가 너희에게 그것을 요구하였느냐? 나의 뜰만 밟을 뿐이다! 다시는 헛된 제물을 가져오지 말아라. 다 쓸모없는 것들이다. 분향하는 것도 나에게는 역겹고, 초하루와 안식일과 대회로 모이는 것도 참을 수 없으며, 거룩한 집회를 열어 놓고 못된 짓도 함께 하는 것을,

내가 더 이상 견딜 수 없다. 나는 정말로 너희의 초하루 행사와 정한 절기들이 싫다. 그것들은 오히려 나에게 짐이 될 뿐이다. 그것들을 짊어지기에는 내가 너무 지쳤다. 너희가 팔을 벌리고 기도한다 하더라도, 나는 거들떠보지도 않겠다. 너희가 아무리 많이 기도를 한다 하여도 나는 듣지 않겠다. 너희의 손에는 피가 가득하다." (이사 1:10-15)

물론 이사야가 여기서 종교적 예배 전체를 거부하고 저주하지는 않습니다. 저주는 종교가 외양과 허울뿐일 때, 그 형식에 배제와 잔인함과 불의만 담길 때로 한정됩니다. 바울은 여기서 더 나아가 "그리스도와 함께 죽은" 그리스도인들은 특별히 "순수"하고 "선택받은" 집단이라는 관념에 근거한 종교적 의무, 의례를 위한 관습, 각종 금기, 음식에 대한 금지 규정, 영지주의적 명상에서 해방된다고 이야기합니다.

누가 철학이나 헛된 속임수로, 여러분을 노획물로 삼을까 조심하십시오. 그런 것은 사람들의 전통과 세상의 유치한 원리를 따라 하는 것이요, 그리스도를 따라 하는 것이 아닙니다. ... 그러므로 먹고 마시는 일이나 명절이나 초승달 축제나 안식일 문제로, 아무도 여러분을 심판하지 못하게 하십시오. 이런 것은 장차 올 것들의 그림자일 뿐이요, 그 실체는 그리스도에게 있습니다. 아무도 겸손과 천사 숭배를 주장하면서 여러분을 비방하지 못하게 하십시오. 그런 자는 자기가 본 환상에 도취되어 있고, 육신의 생각으로 터무니없이 교만을 부립니다. 그는 머리에 붙어 있지 않습니다. 온몸은 머리이신 그리스도로부터 각 마디와 힘줄을 통하여 영양을 공급받고, 서로 연결되어서 하느님께서 자라게 하시는 대로 자라나는 것입니다. 여러분은 그리스도와 함께 죽어서 세상의 유치한 원리에서 떠났는데, 어찌하여 아직도 이 세상에 속하여 사는 것과 같이 규정에 얽매여 있습니까? "붙잡지도 말아라. 맛보지도 말아라. 건드리지도 말아라" 하니, 웬 말입니까? 이런 것들은 다 한 때에 쓰다가 없어지는 것으로서, 사람의 규정과 교훈을 따른 것입니다. (골로 2:8, 16~22)

가장 탁월한 윤리적 영웅주의도, 대단한 은사도 본질적인 것, 즉 사랑을 대체할 수 없습니다. 이것이 바울의 견해입니다(1고린 13:1~13 참조). 이러한 맥락에서 오늘날 급진적인 신학자들이 제기한 '종교 없는 그리스도교'religionless Christianity에 관한 논의를 그저 선정적인 주장으로 치부할 수는 없습니다.

그러한 주장 역시 성서에 근거하고 있기 때문입니다. "신의 죽음"을 말하는 모든 논의를 최종 결론으로 받아들여야 한다는 뜻이 아닙니다. 다만, 신뢰할 만한, 일부 새로운 신학자들이 좀 더 사려 깊은 탐구가 이루어지기 전까지는 쉬 답할 수 없는, 새롭고도 어려운 물음들을 제기하고 있다는 것은 기억할 만한 가치가 있습니다. 여기서는 본회퍼가 무종교, 혹은 반종교가 참된 그리스도교라고 말하지는 않았음을 지적하는 것으로 충분할 것입니다. 혹 그가 그런 것을 주장했다 하더라도 그 주장은 하나의 교리가 아닌, 일종의 가설이었을 것입니다. 요점은 '종교', '종교적 본능', '종교적 경험'에 대한 진지한 물음과 비판은 성서에 분명한 근거를 두고 있다는 것입니다. 성서에 따르면 하느님께서는 의인을 먼저 심판하시고, 당신의 성소에서 그 심판을 시작하십니다.

"노인과 젊은이와 처녀와 어린아이와 부녀들을 다 죽여 없애라. 그러나 이마에 표가 있는 사람에게는 손을 대지 말아라. 너희는 이제 내 성소에서부터 시작하여라." 그러자 그들은 성전 앞에 서 있던 장로들부터 죽이기 시작하였다. (에제 9:6)

VI

성서에서 무엇이 열리는가?

성서를 제대로 이해하려면 끊임없이 깨어있어야 하며, 또 열려 있어야 합니다. 성서를 이루는 책들의 다양한 경향, 다양한 문학적 형태, 서로 다른 견해들, 그들 사이의 역동에 자신을 열어 두어야 합니다. 성서는 종교적이고 의례적이며 사제적인 요소가 있으면서도 한편으로는 예언자적이며 인습 타파적이고 반체제적인 경향이 있습니다. 왕정과 도시를 다루기도 하며, 민족을 다룰 때도 있습니다. 때로는 서기관들과 현자들이 신중하면서도 실제적인 가르침을 주기도 합니다. 또한 궁극적인 심판에 대한 전망을 제시하는 묵시 작가들도 있습니다. 그리고 사도들은 그리스도 안에서, 그리스도를 통해 모든 약속이 성취되었다고 여겼고, 인간과 하느님

사이에 이루어진 화해에 궁극적 관심을 두며 율법, 그리고 예언서에 담긴 가르침과 메시지가 모두 그리스도 안에 하나로 모인다고 보았습니다.

성서가 진행될수록 시간과 인류 역사의 의미는 깊어지고, 긴박성에 대한 감각 역시 무르익어 갑니다. 카이로스에 대한 감각, 하느님이 예견하시고 예지하신 궁극적 '시간'에 대한 감각, 인간이 품고 있는 선과 악을 모두 지닌 역사가 성숙해지고, 결정적으로 하느님께서 역사 안으로 꿰뚫고 들어오시는 순간을 감지하게 됩니다.

이 '마지막 때'에는 인류의 모든 분투와 문제가 정점에 치닫고, 개인의 운명뿐 아니라 인류의 운명, 모든 나라의 운명이 심판대에 오를 것입니다. 인류는 비범한 갈림길 앞에 서게 될 것입니다. 이 거대한 위기의 때, 자신이 가장 성스럽게 여기는 것까지를 포함해 모든 것이 심판대에 오르고, 면밀한 조사를 받게 될 것입니다. 모든 체제, 열망, 소망, 욕망이 진정 사랑이었는지, 그 기준에 따라 무게가 달리고 측정될 것입니다. "하느님의 진노" 아래 놓이는 이가 있다면, 그건 그가 빛이 침투하지 못하는 불투명한 삶을 살았으며, 악하고, 거짓되며, 이루기로 약속했던 목적을 저버리고, 사랑과 평화로 하나가 되는 대신 이웃을 증오하며 이용했기 때문일 것입니다.

그분과 맺은 살아 있는 관계가 굳어 버리면, 자신의 목적을 위해 하느님조차 '이용'하도록 부추기며, 모든 답을 스스로 통제하도록 하는 '확립된 체제'에 갇혀 버리면 우리는 자연, 문화, 법, 종교, 예언을 이해할 수 없게 됩니다. 그 모든 것이 모호해지고, 하느님의 진리를 이해하는 우리의 능력은 치명상을 입게 됩니다. 그렇게 거룩하고도 근본적인 개념들이 의미를 잃게 되면 "하느님은 죽었다"는 말이 절로 나오고 맙니다. 궁극적인 기쁨의 메시지와 참된 소망을 선포하는 메시지를 감지하는 능력, 이를 생생하게 느끼고 꿈꾸는 능력을 잃었기 때문입니다.

그때에는 문화는 물론 국가, 종교 체계까지도 "하느님의 진노 아래" 있다고 말할 수밖에 없습니다. 그 시간을 살아가는 대다수는 하느님의 진노가 무엇을 뜻하는지조차 헤아리지 못합니다. 그러나 역설적으로 바로 이럴 때 마음을 여는 능력, 하느님의 말씀에 귀를 기울이는 능력, 듣는 능력이 얼마나 소중한 선물인지를 우리는 깨닫습니다. 이제 가장 기대하지 않았던 곳에서 말씀이 들려올 것입니다. 어쩌면 가장 덜 '종교적'이라 여겼던 이들이 그 말씀을 이해하게 될지도 모릅니다. 결정적인 시간, 특별한 시간인 카이로스는 돌파가 일어나는 시점이며 모든 것이 한곳에 모이는 집중의 때, 낡은 것이 허물어지고 뜻밖의 것이 밀려드는 때일 뿐 아니라 무엇보다 결정적인 응답의 때입니다.

어쩌면 우리는 그런 시대를 살아가고 있는 듯합니다. 이런 시대 가운데 올바로 응답하기 위해서는 최신의 생각, 기발한 생각을 낚아채기보다는, 우리 자신이, 그리고 이 시대가 얼마나 그 자체로 '문제'인지를 받아들여야 합니다. 미래를 향해, 예측할 수 없고, 당혹스러운 것에 우리를 열어 두어야 합니다.

이제 우리는 새 시대의 문턱에 서 있습니다. 성서는 우리가 이 문턱을 넘으면 무엇을 발견하게 되는지 설명해 주지 않습니다. 오히려 성서는 하느님 아래 있는 우리 존재의 기본적인 역동을 드러내 보입니다. 그분의 현존을 깨닫고 응답하는, 그분과의 역동, 구원은 그 속에 있습니다. 나머지는 "믿으면 이해하게 될" 것입니다.

부록

말, 전쟁, 그리고 침묵

– 오늘날 토머스 머튼을 읽는다는 것의 의미

로완 윌리엄스

토머스 머튼은 평생 언어가 위험에 처해 있다고 생각하며
글을 썼습니다. 1940년 12월 2일 그가 남긴 기록입니다.

세상은 파괴를 목적으로 만들어진 엔진이 일으키는 끔찍
한 울부짖음으로 가득 차 있다. 이러한 상황에서 트라피스
트회 수도사가 되는 것은 정신을 온전히 유지하기 위해, 미
치지 않기 위해, 짐승이 되지 않기 위해서다. 그들은 단순히
수도회에 입회하는 것이 아니다. 트라피스트회 수도사는
다른 사람들이 그가 침묵의 서약을 했다는 낌새를 차릴 수
없을 정도로 은밀하게 트라피스트회 수도사가 된다. 소음

이, 너무 많은 소음이 우리를 둘러싸고 있기에 우리가 침묵하겠다는 서약은 그 소음에 묻힐 것이다. 사람들의 소리에, 총소리에 구태여 우리의 소리를 보탤 필요는 없다. ... 폭격 가운데 입을 열어 이제부터 침묵하겠다는 말이 어떤 의미가 있겠는가?[1]

1940년부터 60년대 초중반의 비범한 성숙기에 이르기까지, 머튼은 군국주의와 냉전, 세계 불안이라는 분위기 가운데 눈과 귀를 열어 언어에 무슨 일이 일어나고 있는지를 지켜보았습니다. 그리고 그는 1968년 「전쟁과 언어의 위기」War and the Crisis of Language라는 탁월한 글을 썼습니다.[2] 이 글은 이 시기 그가 어떠한 활력을 갖게 되었는지, 어떠한 깊이를 획득했는지를 잘 보여줍니다. 머튼은 말합니다.

사람들이 일관되지 않게 언어를 신뢰하지 못하는 현상, 동

---

1   Thomas Merton, *Run to the Mountain: The Story of a Vocation*, Journals, vol. 1: 1939-1941 (San Francisco: HarperCollins, 1995), 267.

2   Thomas Merton, *The Nonviolent Alternative* (New York: Farrar, Straus & Giroux, 1980) 234~47. 이 글이 처음 수록된 책은 다음과 같다. Robert Ginsberg(ed.), *The Critique of War: Contemporary Philosophical Explorations* (Chicago: Regnery, 1969), 99~119.

시에 일관되게 무기는 오류가 없다고 여기는 현상, 20세기의 산문인 정치와 전쟁은 이렇게 변증법을 이룬다.[3]

언어가 타락하는 현상과 숙련되고 전문화된 폭력이 한데 얽히며 일어나는, 소스라칠 정도의 파괴력을 지닌 소용돌이가 바로 "20세기의 산문"이라고, 그렇기에 "언어의 병에 가장 민감해야 하는 이는 시인"이라고 그는 말했습니다.[4] 60년대 중반에 쓴 글들, 수많은 편지와 일기에서 그는 이 병이 어디서 발생하고, 어떻게 작동하는지를 성찰했지요. 산문의 세계the world of prose란 결국 언어가 권력과 힘의 수단으로 쓰이는 세계입니다. 이때 언어는 갈등에서 우위를 점하는 것과 관련이 있습니다. 이런 세계에서 사람들은 상대방을 복종시키기 위해 언어를 사용합니다. 이렇게 언어가 권력의 도구로만 쓰일 때, 그렇게 만들어진 환경은 완전히 닫힌 세계, 치명적일 정도로 진부한 세계가 됩니다. 권력의 도구로만 쓰이는 언어는 결국 '나'에게 종속되기 때문입니다. 우주에서 '나'만큼 단기적으로 매혹적이되 장기적으로 지루한 대상은 없습니다.

머튼은 자신이 속한 상황 가운데서 군사화된 현대 사회

---

3 Thomas Merton, *The Nonviolent Alternative*, 234.
4 위의 책, 234.

가 절망과 죽음으로 내모는 진부한 언어를 어떻게 만들어 내는지를 파악하려 했습니다. 그는 예루살렘에서 진행된 아돌프 아이히만Adolf Eichmann의 재판에 대한 한나 아렌트Hannah Arendt의 비범한 성찰, '악의 평범성'banality of evil에 매료되었습니다. 머튼이 보기에 제3 제국을 이끌던 대량 학살자들의 지시를 효율적으로 따랐던 이 한심한 하급 관료의 가장 끔찍한 점은 그가 기억에 남을 만한 말, 혹은 지적으로 곱씹어 볼 만한 말을 전혀 하지 못한다는 데, 놀라울 정도로 뻔한 말들만을 한다는 데 있었습니다. 그런 방식으로 아이히만은 지극히 평범한 사람이었습니다. 그는 어떻게 말해야 하는지 알지 못했습니다. 그렇게 궁극적으로 말에서 힘이 사라지게 하는 것, 이것이 바로 악이 하는 일이라고 머튼은 생각했습니다. 60년대 중반 한나 아렌트가 아이히만에 대해 쓴 글과 씨름하면서부터 그는 언어가 처한 위태로운 상태를 날카롭게 감지하기 시작했습니다. 1965년 6월 6일 일기에 머튼은 이렇게 썼습니다.

> 온 세계가 전쟁의 모습을 하고 있다. 자신에게 도취된 백인 문명은 손에 쥘 수 있는 건 무엇이든 들고 무장한 채 거대한 다른 인종들, 혼혈들과 싸움을 벌인다. 이 모든 현상의 이면

에는 이 세상에서 '우리'는 '저들에 의해' 다친 이들이고, '우리'는 평화와 질서를 지키려 노력하나 '저들'은 합리적인 동기 없이 혼란과 혼돈을 일으킨다는 생각이 깔려 있다. '우리', '우리' 안에서도 하느님과 정의가 공격받고 있으며, 따라서 우리는 '우리' 자신과 하느님, 정의를 방어해야 한다. 이때 하느님과 정의를 거부하며 '우리'를 공격하는 '열등한' '저들'을 대하는 길은 해충 박멸하듯 박멸하는 일 외에는 도리가 없다. ... 이처럼 '우리'는 모든 문제를 단순화하며, 우리만 '의미'가 있고 '다른 이들'은 의미가 없는 것처럼 여기며, 우리의 방식만이 합리적인 방식이기에 '다른 이들'도 우리의 방식으로 사물과 사태를 바라봐야 한다고 여긴다. 여기서 소통의 치명적인 단절이 발생한다.[5]

그다음, 그는 얼핏 위에서 언급한 이야기와는 무관해 보이는 이야기를 합니다.

이제 우주 비행사의 아내는 우주 공간에서 남편과 무전으로 이야기할 수 있다. 페루에서 사목 활동을 하는 신부는 루

---

5   Thomas Merton, *Dancing in the Water of Life: Seeking Peace in the Hermitage*, Journals, vol. 5: 1963-1965 (San Francisco: HarperCollins, 1997) 253~54.

이빌에서 운전하는 동안 짐 와이갈Jim Wygal에게 전화를 걸어 이야기를 나눌 수 있다. 그러면 그들은 무슨 이야기를 나눌까? "안녕하세요, 좋은 날입니다. 네, 저는 잘 지냅니다. 당신도 괜찮죠? 아이들도 잘 지내고, 개도 잘 지내고 …"[6]

왜 이런 이야기를 했을까요? 머튼에게 소통의 단절은 아무 말도 나누지 않는 것이 아니었습니다. 그는 진부하고, 평범한 말들만 나누게 되는 현상이야말로 소통의 단절을 보여준다고 여겼습니다. 진부함, 이러한 진부함과 연관된 평범함이야말로 우리가 살아가는 '산문의 세계'의 특징, "사람들이 일관되지 않게 언어를 신뢰하지 못하는 현상, 동시에 일관되게 무기는 오류가 없다고 여기는 현상"의 대표적인 특징이었습니다. 1965년 일기를 좀 더 자세히 살펴봅시다. 여기서 머튼은 복잡한 질문, 국가와 시민 질서 사이의 복잡한 갈등, 이와 관련된 문제들을 '우리'의 언어로 축소하려는 경향에 대해 지적합니다. '나', '우리'는 모든 상황을 '나'와 '우리'를 중심에 두고, '나'와 '우리'의 언어로만 이해하려 합니다. 그리고 '우리'가 있는 이곳에만 하느님의 정의와 의미가 있다고 여깁니

6 위의 책, 254.

다. 이렇게 의미가 '나', '우리'에 얽매여 있다면 진짜 교류는 일어날 수 없습니다. 진짜 교류가 일어나지 않으면, 배움도 일어날 수 없고, 배움이 없으면 새로움이 일어날 수 없습니다. 새로움이 일어나지 않는 '나', '우리'는 진부함에 갇힐 수밖에 없습니다. 그래서 우리는 "개도 잘 지내고 ..."와 같은 진부한 말들만을 되뇝니다. 머튼이 보기에 군사화된 세계에 종속된 우리는 그러한 방식으로 진부하고, 명백하고, 합리적이었습니다. 이러한 상황 가운데서 '저들'은 명백하지도, 합리적이지도 않기에 '우리'는 '저들'의 말을 들을 필요가 없습니다. '나'는, '우리'는 말에서든 행동에서든 '저들'을, 타자를 필요로 하지 않습니다. 이런 생각이 굳어지면, 성장이 일어날 수 없는 정적인 언어관이 우리 안에 자리 잡게 됩니다. 사물과 사태를 효율적으로 분류하는 정적인 언어가 반드시 거짓이라는 법은 없습니다. 하지만 이런 언어들은 너무나 평면적이기에 우리를 진실하지 못하게 만듭니다. 참된 진술이라할지라도 그 진술이 배움의 여지, 변화의 여지를 허용하지 않는다면 우리를 거짓되게 만들 수 있습니다.

1960년대에 머튼이 쓴 전쟁에 관한 글들은 모두 이 같은 문제의식 아래 쓰였다고 할 수 있습니다. 널리 알려진 「표적은 도시와 같다」Target Equals City에서 그는 전쟁 선전이 언어의 타락 및 위기와 어떠한 관련이 있는지를 이야기합니다.[7] 그리고 비슷한 시기에 쓴, 좀 더 성숙한 글인「현대 전쟁에서의 정의」Justice in Modern War에서는 제2차 세계대전 말기, 1950년대와 60년대 여러 매체에 등장한 수사들을 살피며 점점 더 적진에 있는 모든 사람을 '표적'으로 간주하는 경향이 심화되고 있음을 지적합니다.[8]

> 모든 도시가 도시라는 사실 하나만으로 군사적 표적이 되었다.[9]

전쟁이 주도하는 세계에서 '표적'은 '도시'와 동일시됩니다. 이러한 환경에서 머튼은 이성과 정신이라는 관념 전체가 흔들리고 있다고 진단합니다. 이제 이성은 '우리'의 처리 역량, '우리'의 이해, '우리'가 사는 곳과 동일시되며, 우리는 스스로 우리가 멀쩡하다고, 제정신이라고 여깁니다. 하지만 실상은 그렇지 않습니다. 이러한 상황에서 지나친 이성은 우리

---

7 Thomas Merton, *The Nonviolent Alternative*, 94~103.

8 Thomas Merton, *Peace in the Post-Christian Era* (Maryknoll, NY: Orbis, 2004) 58~67.『머튼의 평화론』(분도출판사)

9 Thomas Merton, *The Nonviolent Alternative*, 99.

146 | 성서를 열다

를 광기로 몰고 갈 뿐입니다. 『말할 수 없는 것에 대한 습격』 Raids on the Unspeakable에 나오는 아이히만에 관한 글은 머튼이 이성과 정신에 대해 어떻게 생각하는지를 잘 보여줍니다.

아이히만은 멀쩡하다. 그 사실이 우리를 혼란스럽게 만든다. 멀쩡함, 제정신인 상태는 정의감, 인간성, 신중함, 다른 사람을 사랑하고 이해할 수 있는 능력과 같기 때문이다. 그렇기에 우리는 야만, 광기, 파괴로부터 이 세상을 지키기 위해 멀쩡한 사람들, 제정신인 사람들에게 의존한다. 하지만 이제 우리는 가장 위험한 이들이 멀쩡해 보이는 사람들, 제정신인 것처럼 보이는 이들임을 깨닫기 시작한다. 멀쩡한 사람들, 제정신인 사람들, 그래서 이 세상에 너무나 잘 적응한 사람들은 거대한 파괴의 축제를 준비하고, 이를 이루기 위해 어떠한 망설임 없이, 아무런 불편함 없이 폭탄을 '적진'에 조준하고, 발사 버튼을 누를 수 있다. 핵전쟁이 일어난다면, 처음으로 핵폭탄 발사 버튼을 누를 수 있는 사람, 그러한 위험을 불러일으키는 사람이 정신병자일까? 아니다. 그 사회에서 가장 멀쩡하다고 간주하는 사람, 가장 제정신이라고 여기는 사람, 그만한 자격을 갖춘 사람일 것이다. '정신병자'는 의심받을 것이며 사람들은 그를 발사 버튼에서 멀리 떨어뜨려 놓으려 할 것이다. 핵폭탄 버튼을 누르는 사람은 그 사회에서 아무도 의심하지 않는 이, 논리적이고 그럴싸한 이유, 모두가 수긍할 만한 이유를 제시하는 이일 것이다. 그리고 그만큼 멀쩡한 사람이 지휘계통을 통해 '정상적'으로 내려온 '정상적인' 명령에 복종해 전쟁을 수행할 것이다. 제정신이기 때문에, 멀쩡한 사람들이기 때문에 그들은 자신이 수행하는 일에 아무런 망설임도 갖지 않을 것이다. 핵폭탄이 발사되는 일은 실수가 아닐 것이다.[10]

일부 사람들은 핵무기가 '불량 국가'의 손에 들어갔을 때의 위험에 대해 지적하곤 합니다. 물론 불량 국가는 핵무기를 무분별하게 사용할 것입니다. 하지만 근본적인 차원에서 '정상 국가'는 얼마나 다를까요? 이때 멀쩡하다는 것, 제정신이라는 것은 과연 정신이 온전한 상태를 의미합니까? 군사화된 세계의 논리에서 정의하는 제정신은 매우 기이한 의미를 지니고 있습니다. 아이러니하게도 이 말은 내가 어디에 있는지, 내가 누구인지, 내가 무엇을 이해하고 있는지를 이해하는 능력이 제한받고 있음을 뜻합니다.

---

10 Thomas Merton, *Raids on the Unspeakable* (New York: New Directions, 1966), 46~47.

머튼에 따르면 전쟁은 언어가 순전한 권력의 도구가 되는 대표적인 장입니다. 권력들이 극적으로 충돌하는 환경에서 승리는 단순히 적을 극복하는 데 달려 있지 않으며 적의 의미를 박탈해 무의미하게 만드는 데 달려 있습니다. '나'와 '우리'가 합리적이라는 이야기는 사실상 '나'와 '우리'가 아닌 '저들'에 대해 이야기하는 것이며, 이 이야기에는 아무런 의미도 없습니다. 그리고 그렇게 이야기함으로써 우리는 우리 자신에게서도 의미를 빼앗습니다. 우리가 있는 곳 너머, 우리 외부에 어떤 이성이나 의미가 있음을 부정할 때, 그리하여 학습과 성장의 가능성을 우리 스스로 박탈할 때 우리가 이야기할 수 있는 것이라고는 "우리 집 개도 잘 지냅니다"와 같은 뻔한 말밖에 없게 됩니다. 할 말이 남지 않게 되니까요. 이렇게 머튼은 전쟁이 언어에 미치는 영향과 타자에게 적대적인 문화, 자기만을 투영하는 문화의 연속성을 추적합니다. 아마 그가 오늘날 사회를 본다면 자신의 직관을 확인할 수 있는 많은 사례(자기만을 투영하는 문화, 양극화된 정치, 인간 본성에 대한 환원적이고 진부한 설명, 언어와 행동의 폭이 점차 좁아지고, 얇아지며, 축소되는 세계, 이성에 대한 일방적인 시각 등)를 발견할 것입니다.

차악에 관하여

이성에 대해 머튼이 쓴 글 중 특별히 살펴볼 만한 글은『그리스도교 이후 시대 속 평화』Peace in the Post Christian Era에 실린「신학자들과 방어」Theologians and Defense와「마키아벨리의 유산」The Legacy of Machiavelli입니다. 이 두 편의 글에서 머튼은 1960년대 중반까지 가톨릭계, 혹은 그리스도교 윤리에 대해 논하는 이들이 받아들인 세상의 지혜에 관해 이야기합니다. 그는 전쟁 시기 사람들이 '차악'에 대해 말하는 방식을 분석하며, 그리스도교 윤리가 역사를 거치며 혼란스러운 상황을 이해하는 한 형태로 차악에 관한 교리, 더 나쁜 것을 피하려다 결코 의도하지 않은 일을 하게 되는 비극적인 상황에 대한 교리를 발전시켰다고 지적합니다. 이 교리는 이렇게 요약할 수 있습니다.

> 당신은 매우 난처한 상황 가운데 최선을 다했습니다. 그 일은 객관적으로 끔찍한 일이었지만, 더 나쁜 것을 피하는 데는 도움이 되었으므로 당신은 용서받을 수 있습니다.

그러나 미래를 위한 정책을 세울 때도 이런 식으로 생각한다면 어떻게 될까요? 차악의 길 역시 적극적인 계획이 필요하다면 어떨까요? 달리 말하면, 이성을 잃어 끔찍한 일이 일어나는 상황 대신, 미래에 있을지도 모를 좋지 않은 일을 피하려 이상보다 훨씬 '덜 이상적인' 일을 냉정하고 합리적으로 계산해 낸다면 어떨까요? 이때 계획은 '부도덕'할 수밖에 없습니다. 차악에 관한 교리는 혼란스럽고 어려운 경험을 되돌아보고 하느님의 자비 가운데 어떤 의미를 빚어내는 방식이 아닌, 복음의 급진적인 요구를 계속 회피하는 방식으로, 계속 '상대적으로 덜 나쁜' 길을 택하게 만듭니다. 율법에서 온전히 자유케 되는 것이 아니라 율법과 관련된 하느님의 요구를 이행할 수 없음을 알고 미리 자신을 율법에 얽매이지 않게 하는 것입니다. 이는 도덕과 관련된 그리스도교 신학 언어의 변화에 대한 머튼의 흥미로운 지적이며, 어느 정도는 신학을 기술하는 방식에 대한 비판으로도 볼 수 있습니다. 하지만 좀 더 근본적인 차원에서 이를 통해 머튼이 말하고자 하는 것은 결국 권력, 힘에 관한 것이라고 저는 생각합니다. 합리적인 계산을 통해 도덕의 관점으로 볼 때는 특별히 고귀하지는 않으나 납득할 수 있는 일을 한다고 상상해 봅시다. 그때 '나'는 자신이 결백하다고 생각할 것입니다. 그럴만한 합리적인 근거가 있기 때문입니다. 하지만 이로써 나는 사실상 '무고함'을 판정하는 궁극적인 힘을 나 자신에게 부여하는 셈입니다. 그렇게 잘못을 저지르고 용서를 구하는 인간의 근본적인 한계, 연약함에 관한 교리는 무죄를 판정하는 힘을 자기 자신이 소유하고, 자신을 정당화하는 교리가 됩니다. '합리적인 나'는 자신이 잘못했다 할지라도 '정당하다'는 것을 '이미' 알고 있습니다. 그렇게 '나'는 힘을, 매우 인상적이고 실질적인 힘을 소유하게 됩니다.

1960년대 초 머튼이 쓴 글들에는 동시대 위대한 인물인 디트리히 본회퍼가 커다란 영향을 미쳤습니다. 히틀러 암살 음모에 가담하면서 본회퍼는 그리스도인은 누군가를 죽이려 해서는 안 된다는 점을 잘 알고 있었습니다. 하지만, 동시에 그는 이 끔찍한 환경에 대응할 방법이 히틀러를 죽이는 것 외에는 다른 길이 없다는 것도 알고 있었기에 자신을 유죄와 용서받음의 차원에서 바라보았습니다. 이는 '나는 결백하다'라고 미리 선언한 뒤 암살에 가담하는 것과는 전혀 다른 정신의 틀입니다. 머튼은 바로 이 부분, 우리가 잘못을 저질러도 괜찮다고 '미리' 말함으로써 우리가 힘과 권력을 얻게 하는 일련의 윤리 공식, 윤리적 수사들에 주목했습니다. 그가 보기에 극단적인 상황에서 일어나는 극단적인 선택을 미리 합리화하는 것은 우리의 도덕적 상상력을 마비시키고, 어떠한 도전도 받아들이지 않은 채, 어떠한 흔들림, 내적 갈등

없이 자신을 정당화하는 것이었습니다. 이때 갈등은 내부에서 외부로 이동합니다. '내'가 어떤 상황과 마주해 개인적으로 끔찍한 선택을 해야 할 때, 혹은 '우리'가 공동으로 끔찍한 선택을 할 때 '나'와 '우리'는 우리 '안에서' 일어나는 갈등을 외부화합니다. 그렇게 하면 남는 건 '나'가 아닌 타자, '우리'와 다른 타자들, '저들'과의 갈등뿐입니다. 내면에서의 충돌은 사라지고, '합리적인 나'와 '불합리한' 타자, '나'라는 의미 있는 존재와 '타인'이라는 무의미한 존재 사이의 갈등만이 존재하는 것입니다.

이성과 논쟁

교황 베네딕토 16세Benedict XVI는 자주 북대서양 문명이 점점 더 이성과 멀어지고 있다고 지적했으며 이와 관련된 탁월한 논의를 남긴 바 있습니다. 그러나 저는 '이성'reason보다는 '논쟁하기'reasoning라는 표현을 더 선호합니다. 논쟁은 '함께하는 일'임을 좀 더 분명하게 전달하기 때문입니다. 이성은 한 사람의 머릿속에서 일어나는 일이지만(좀 더 정확하게는, 그러한 인상을 받기 쉽지만), '논쟁'은 다른 이들과 함께하는 일입니다. 그러한 면에서 오늘날 사회는 이성이 없는 사회가 아니라 논쟁이 부족한 사회라고 할 수 있습니다. 이러한 맥락에서 "오라, 와서 나와 논쟁하자"라는 이사야서의 구절(1:18)은 두고두고 곱씹어 볼 만한 가치가 있습니다. '논쟁'은 담론을 공유하는 일입니다. '논쟁'은 닫혀 있지 않고 열려 있습니다. 머튼이 우리에게 요구하는 정신은 단순히 합리적인 정신이 아니라 '논쟁하는' 정신이었습니다.

군사화되고 양극화된 세상에서 일어나는 언어의 마비, 타락, 진부함에 관한 분석을 통해 머튼이 우리에게 요구하는 것은 바로 '논쟁하는' 일입니다. 논쟁함으로써 우리는 알았다고 여겼던 것을 실제로는 모름을, 그리고 몰랐던 것은 여전히 모르고 있음을 깨닫게 됩니다. 논쟁함으로써 우리는 우리가 말하고자 하는 것을 갱신합니다. 논쟁하는 상대가 내 말이 말도 안 된다고 하거나, 그건 너무 당연한 말 아니냐고 할 때 '나'는 진부함에서 벗어나게 됩니다. 논쟁은 우리를 상대주의나 비결정론indeterminism으로 내몰지 않습니다. 논쟁은 언어가 다루려는 것이 무엇인지, 내가 현재 서 있는 것보다 훨씬 더 큰 현실, 내게 명백하게 잡히는 것보다 훨씬 더 큰 현실에 나를 여는 법을 익히는 것입니다.

이 세상을 홀로는 이해할 수 없음을 받아들인다는 점에서 논쟁은 신앙의 근본적인 원칙과도 통한다고 할 수 있습니다. '나'는, '우리'는 창조주 없이, 인간, 비인간을 포함한 동료 피조물 없이는 이 세상을 이해할 수 없습니다. 전쟁과 폭력, 후기 근대 사회의 양극화로 인한 언어의 타락에 대한 머튼의 저항과 경고의 목적은 바로 이 전망, 논쟁하며 성장하는 인간에 대한 전망을 되살리는 데 있습니다. 『사랑과 삶』Love and Living 2부에 해당하는 '일곱 말씀'Seven Word 중 마지막에 해당하는, 전쟁에 관한 짧은 글에서 그는 전쟁의 본질적인 불합리성에 관해 이야기합니다.[11] 여기서 머튼은 전쟁은 고유한, 그러면서도 거대한 가짜 논리 위에서 유지되나, 실상은 올바른 이성을 완전히 중지해야만 가능하다고 이야기합니다. 이것이 전쟁이 그토록 위험한 이유이자 매혹적인 이유입니다. 전쟁은 이성을, 논쟁을 정지시킵니다. 전쟁은 사람들로 하여금 아무것도 배울 것이 없고, 어떠한 성장도 있을 수 없다고 생각하게 만듭니다. 이러한 환경 가운데서, 언어의 기능이 우리 집 개의 안녕을 이야기하는 것 이상이라고 믿는 이들이 해야 할 일은 사회의 안녕을 위해 필요한 시와 상상력을 회복하는 것이라고 그는 말합니다. 우리에게는 낯설고, 어렵고, 새로운 말들이 필요합니다. 우리는 진부함과 끊임없이 싸워야 합니다. 우리에게 논쟁이 필요하다고 말하는 것은

---

11 Thomas Merton, *Love and Living* (New York: Farrar, Straus, Giroux, 1979), 128~32.

사실상 우리의 담론에 (우리가 보기에) 불합리하고, 기이하며, 별난 언어들이 필요하다고 말하는 것과 같습니다. 머튼이 제임스 조이스James Joyce를 떠올리는 언어유희, 동음이의어, 반-언어anti-language 성격을 지닌 시와 산문을 즐겨 쓴 이유도 바로 이 때문입니다. 그는 언어란 우리가 상상하는 것보다 훨씬 더 낯설며, 마음만 먹는다면 정말 놀라운 일을 할 수 있음을 보여 주려 했습니다. 이러한 맥락에서 로버트 락스Robert Lax에게 보낸 편지들과[12] 『로그레어의 지리학』The Geography of Lograire에 수록된 시들은 "우리 집 개는 잘 지냅니다"와 같은 언어와는 전혀 다른 언어, 진부함을 반대하는 언어, 도전하는 언어, 그리고 일반적인 의미에서의 합리적 논증이 아닌 '논쟁', 논쟁의 본질인 '진리를 향한 공동의 탐구'에 대한 머튼의 증언이라 할 수 있습니다.[13]

사회가 사회로 있기 위해서는, 사회의 안녕을 위해서는 배움이 필요합니다. 배움의 과정에서는 강한 부분과 약한 부분, 유리함과 불리함의 재협상이 이루어집니다. "가르쳐 주

---

12 다음을 보라. Thomas Merton and Robert Lax, *A Catch of Anti-Letters* (Kansas City: Sheed, Andrews and McMeel, 1978). Thomas Merton and Robert Lax, *When Prophecy Still Had a Voice: The Letters of Thomas Merton & Robert Lax* (Lexington: University Press of Kentucky, 2001).

13 Thomas Merton, *The Geography of Lograire* (New York: New Directions, 1969).

세요"라는 말은 "내가 모르는 것을 당신은 알고 있습니다"라는 말과 같습니다. "저는 당신에게 이것을 가르쳐 주고 싶습니다"라는 말은 "제가 가진 힘을 당신에게 주고 싶습니다"라는 말과 같습니다. 배움은 강한 부분과 약한 부분, 유리함과 불리함이라는, 겉보기에 딱딱하고 배타적으로 보이는 조건들을 끊임없이 변화시키기 때문에 참된 교육, 특히 아이들에 대한 진실한 교육은 언제나 변혁적입니다. 머튼은 이를 알고 있었으며, 특히 그가 살고 있던 시기 라틴 아메리카에서 일어난 일들과 관련해 교육이 지닌 함의를 잘 알고 있었습니다. 그는 이를 정치, 경제의 압력으로 인해 배움을 단순히 사회에서 유용한 기술의 습득으로 축소하는 북대서양 세계가 본받아야 할 부분이라고 여겼습니다.

침묵을 유지하기

이와 같은 모형, 논쟁과 공동 탐구로 엮인 언어 모형은 불가피하게 침묵의 가치를 받아들일 수밖에 없습니다. 배운다는 것은 곧 받는 것이며 이를 통해 말하는 것과 침묵하는 것은 모두 변화됩니다. 담론을 주고받는 활동, 함께 시비를 가리는 활동은 시간, 인내, 경청을 요구합니다. 누군가 지금 긴 시간을 들여야만 익힐 수 있는 무언가를 (신비롭게도) 하루 만에 익히게 해주겠다고 해봅시다. 너 나 할 것 없이 그 사람 앞에 줄을 설 겁니다. 이런 기술의 문제뿐만 아니라 윤리적인 문제, 영적인 문제에 대해서도 사람들은 '지금 당장' 답을 얻기를 바랍니다. 하지만 그런 문제들은 대부분 시간, 인내, 경청을 거쳐야만 답을 얻을 수 있기 마련입니다.

상대의 이야기를 빨아들이고, 또 다른 누군가가 저 이야기를 빨아들일 수 있도록 전하는 감각은 머튼의 글쓰기에서 가장 주목할 만하고 때로는 독자들의 웃음을 자아내는 특징 중 하나인 그의 복화술ventriloquism, 다른 사람의 관용구와 리듬을 포착해 따라 할 수 있는 그의 능력과 관련이 있습니다.[14] 그의 편지 모음집을 읽다 보면 체스와프 미워쉬Czesław Miłosz, 수잰 부토로비치Suzanne Butorovich, 혹은 어느 폴란드 시인, 수피 신비주의자, 캘리포니아에 사는 10대 소년처럼 글을 쓸 때가 있음을 알게 됩니다. 그는 다른 사람의 관용구를 익히고, 리듬을 익힙니다. 누군가는 이를 그의 연약한 부분으로, 다른 누군가를 따라 해 대중에게 인정받고픈 욕망의 소산이라고 볼 수도 있을 것입니다. 하지만 저는 머튼의 이런 모습

---

14 이와 관련된 좀 더 상세한 논의는 다음을 보라. Rowan Williams, *A Silent Action: Engagements with Thomas Merton* (Louisville, KY: Fons Vitae, 2011), 66.

에는 훨씬 더 깊은 부분이 있다고, 이는 담론이 발전할 수 있도록 타자에게서 자신이 말할 수 있는 목소리를 찾으려는 데서 나온 산물이라고 생각합니다. 머튼은 군사화되고 양극화된 세계에서 언어가 어떻게 되고 있는지를 살폈고, 비이성이 우리를 어떻게 사로잡는지를 숙고했으며, 단순한 이성이 아닌 논쟁이라는 모형, 시간과 인내, 침묵, 경청이 엮여 시비를 가리는 과정의 중요성, 타자를 부정함으로써 '나' 스스로 의미를 만들어 내는 것이 아닌, 타자에 의해 '나'가 형성될 수 있는 방식을 명시적으로, 때로는 암시적으로 제시했습니다. 이 원리를 염두에 둔다면, 머튼이 관심을 가졌던 다양한 문제들, 인종에 관한 그의 이야기, 종교 간 대화에 대한 그의 이야기가 어떻게 서로 연관이 있는지를 알 수 있습니다. '나'는 타자의 의미를 부정함으로써 '나' 자신이 의미가 있다고 할 수 없습니다. 오히려 의미는 담론 가운데, 논쟁하는 가운데, 참여하는 가운데 '나'에게서 일어납니다(앞에서 말했듯 이는 상대주의를 옹호하는 것도 아니고, 비결정주의를 옹호하는 것도 아니며, 이런저런 논의들을 뒤섞어 종합을 이루어야 한다는 이야기도 아닙니다). 그러한 면에서 '나'는 의미를 긍정할 수 있습니다.

머튼은 침묵에 관한 탁월한 글을 많이 남겼습니다. 그럴 수 있었던 이유는 역설적으로 그가 침묵에 매우 서툴렀기 때문입니다. 머튼은 침묵이 왜 필요한지 잘 알고 있었습니다. 때때로 그가 선보이는 과도할 정도로 많은 말, 장황한 이야기는 상대를 향해 "제게 말해주십시오. 듣겠습니다"라는 의미를 담은 호소이기도 합니다. '당신이 무언가를 말할 때 들을 수 있도록, 저는 끝없이 말하고, 또 글을 쓰겠습니다.' 이상해 보이지만, 그와 편지를 주고받은 이들, 그리고 친구들에게 이는 효과가 있었습니다. 물론 오늘날 문화는 침묵하지 못하는 문제뿐만 아니라 제대로 경청하지 못한다는 문제를 지니고 있기도 합니다. 둘은 엮여 있으며, 우리는 단순한 침묵의 길이 아닌, 타자를 받아들이는 침묵의 길을 택해야 합니다. 원한에서 나오는 침묵이 있고, 두려움에 말 못 하는 침묵이 있고, 다른 누군가에게 강제당한 침묵이 있습니다. 그리고 성서의 사무엘처럼 하느님뿐만 아니라 다른 사람을 향해 "제가 여기에 있습니다. 말씀하십시오. 당신의 종이 듣고 있습니다"(1사무 3:10)라고 말하는, 열린 손과 열린 마음에서 나오는 침묵이 있습니다. 머튼이 이야기한 침묵은 바로 이 침묵이었습니다.

하느님 안에서 이루어지는 사랑과 배움

마지막으로 머튼의 모든 이야기의 바탕이 되는 신학적 틀에 대해 이야기하려 합니다. 그는 아무런 틀 없이 자신의 이야기를 전개하지 않았습니다. 그리고 이 신학적 틀을 머튼 스스로 고안해 내지도 않았습니다. 그는 하느님의 본성에 관한 일정한 그림 안에서, 일반적인 의미에서 말씀하시지도, 침묵하시지도 않는 하느님, 혹은 말씀하시는 것이 침묵처럼 들리고 침묵이 너무나 강렬해 말씀하시는 것처럼 보이는 하느님이라는 그림 안에서 자신의 논의들을 구성합니다. 어떻게 그럴 수 있을까요?

여기서 우리는 하느님이 정의상 힘의 경쟁을 넘어서는 분이라는 점을 진지하게 고민해 보아야 합니다. 하느님은 이 세계 모든 전통 종교에 있는 근본적인 원리 중 하나가 아닙니다. 그분에게는 모든 평화, 모든 고요함, 모든 충만함, 모든 의미가 있습니다. 이는 그분이 피조물과 전투를 벌여 승리하고 피조물을 정복했기 때문이 아니라 하느님이 하느님이기 때문입니다. 어떤 면에서는 너무나 단순하고, 당연한 이야기입니다. 하지만 우리의 종교성은 하느님이 자신을 돌보지 못한다는 불안에 뿌리를 내리고 있는 것처럼 보입니다. 몇 년 전 『하느님에게 무슨 일이 일어날 것인가?』What Will

Happen to God?라는 제목의 책이 출간된 적이 있습니다.[15] 교회에서 일어나는 변화에 대한 깊고, 고통스러운 염려를 담고 있는 책이었습니다. 그 책을 쓴 저자의 마음은 충분히 이해가 되었지만, 왜 그런 제목을 달았는지는 지금도 이해가 잘 되지 않습니다. 고전적인 그리스도교 신학, 이후 무수한 신학이 확언하는 바는, 다소 직설적으로 표현하자면, 하느님께는 어떤 일도 일어나지 않는다는 것, 즉 하느님은 누군가에게, 혹은 어떤 사물에게 그러하듯 어떤 일이 그냥 일어나는 그런 실재가 아니라는 것입니다. 피조물에게는 어떤 일이 그냥 일어납니다. 이것이 피조물인 우리의 영광이자 위험입니다. 그리고 이것이 피조물, 피조물로서의 인간의 핵심 특징이기도 합니다. 그러나 하느님은 그냥 어떤 일이 일어나는 그런 실재가 아닙니다. 하느님은 하느님입니다. 하느님은 자유로우십니다. 그분은 (어떤 분들이 선호하는 표현을 쓰자면) 주권자이십니다. 하느님은 경쟁의 위험에 처하지 않으십니다. 그분은 당신을 존재하게 한 생명에 대해 원망하지 않으십니다. 플라톤 이래 사람들은 "신성에는 시기심이 없다"고 말했습니다. 마찬가지 맥락에서 그분은 근심하지 않으십니다.

---

15 William Oddie, *What Will Happen to God? Feminism and the Reconstruction of Christian Belief* (San Francisco: Ignatius Press, 1988).

우리의 생명은 전적으로 무한히 관대하신 하느님의 소산이기에 그분에게는 누군가를 질투할 이유가 없습니다. 그런데도 우리의 종교 언어는 하느님의 지위와 안전에 대해 염려하며, 우리에게 좋은 일이 하느님에게 나쁜 일이 되지 않을까, 하느님에게 좋은 일이 우리에게 나쁜 일이 되지 않을까 근심합니다. 이런 신학적, 영적 오해는 반드시 깨뜨려야 합니다. 그때 비로소 우리는 무언가를 배울 수 있습니다.

하느님은 힘과 권력의 경쟁 너머에 계신 분이시기에, 우리가 안심하며 확신할 수 있는 한 가지는 이 세상에서 쏟아지는 말, 침묵에 대한 불안을 그분에게 적용할 수 없다는 것입니다. 그분은 우리를 침묵시키기 위해 말씀하시지 않습니다. 달리 말하면, 그분은 지극히 침묵하시면서, 지극히 소통하시는 분이십니다. 『사랑과 삶』에서 머튼은 이야기합니다.

하느님께서는 말씀하실 때 너무나 침묵하시기에, 우리의 시선에 그분의 말씀은 아무 말씀도 하지 않으시는 것처럼 보인다.[16]

---

16 Thomas Merton, *Love and Living*, 18.

모든 말과 모든 들음 가운데 있는 사랑, 그 안에서 하느님은 활동하시고, 말씀하시며, 존재하십니다. 우리가 논쟁함으로써, 즉 함께 궁리하고, 함께 탐구하고, 말하고 들음으로써, 말하고 침묵함으로써, 이 모든 일이 교차함으로써 기쁨으로 서로가 성숙해짐을 이해하기 위해서는 말과 침묵이 하나인, 모든 것을 선물로 주는 무한한 맥락에 대한 깨달음이 필요합니다. 어떤 각도에서 보면, 저 맥락은 말씀, 즉 우리에게 의미를 부여해 주시는 하느님이며, 다른 각도에서 보면 침묵, 즉 하느님으로서 계시는 하느님입니다. 하지만 이분은 한 분이시며 우리의 모든 말, 모든 들음 가운데 있는 단일한 사랑의 활동입니다.

말씀 안에서 이루어지는 재창조

모든 그리스도교 신학자와 마찬가지로 머튼 역시 인간의 운명은 성육신하신 말씀을 통해, 말 안에서 재창조되는 것이라고 생각했습니다. 『사랑과 삶』에 수록된 「그리스도교에서의 거듭남과 새로운 인간」Rebirth and the New Man in Christianity에서는 이를 설득력 있게 풀어냅니다. 여기서 그는 그리스도 안에서, 그리스도를 통해 우리가 받은 것은 새로운 존재, 자기 초월의 새로운 방식, 새로운 존재 방식('나' 안에 갇히지 않는, 끊임없이 타자에게 다가가고, 듣고, 빨아들이고, 교류하는 방식)이라고 이야기합니다. 우리의 새로운 존재, 새로운 자기 초월 방식은 힘의 경쟁으로부터 우리를 해방시키며, 말과 침묵 모두를 새로운 방식으로 해방시킵니다. 우리가 새로운 존재, 새로운 방식, 새로운 창조를 깨닫고 우리를 둘러싼, 그리고 우리를 지탱하는 무한한 선물을 깨닫는다면, 그때 우리에게서 나오는 말들은 '나'의 조건, '나'의 안전에 종속된 이성의 표현이 아닐 것입니다. 타자로부터 '나'를 방어하기 위해 나온 진부한 말들이 아닐 것입니다. 마찬가지로 '나'의 침묵은 두려움, 불안함, 주저함의 표현이 아닐 것입니다. 거듭난 '나'는 어떠한 식으로든 관계를 구축하는 방식으로 말하는 법을 익힐 것입니다. 새롭게 영양을 공급받는 방식, 무언가를 형성하는 방식으로 침묵하는 법을 익힐 것입니다. 그리스도교 전통에서 성령의 은사를 이야기할 때 연결의 은사, 방언의 은사를 말하면서 동시에 성령을 침묵의 영이라고 말하는 이유는 새로운 창조 가운데 성령이 우리의 말과 침묵 모두를 거느리시기 때문입니다. 하느님께서는 모든 이를 하나로 아십니다.

이제 모든 인간은 하느님이 창조하시고, 구원하시고, 사랑하시는 존재로 간주된다. 하느님께서 모든 이를 한 인간으로, 보편적인 인간으로, 그리스도, 하느님의 아들로 아신다는 의미에서 모든 이는 "그리스도 안에서 하나"다. … "거듭남"이라는 개념은 그리스도교의 핵심이며 매우 심원한 결과를 끌어낸다. 이를 상실한다면 (종종 그렇듯) 그리스도교신자 개인뿐만 아니라 그리스도교 공동체, 전통적으로 그리스도교 사회로 간주된 사회 모두 내적 모순에 빠져 위기를 맞게 된다. "거듭남"을 망각할 때 많은 사람은 불신앙으로 도피하거나 그리스도인의 삶을 해결 불가능한 문제로여기고 일종의 감정주의로, 혹은 경직된 교리로 해소하려한다.[17]

머튼은 거듭나게 된 말과 침묵을 현대 사회가 우리에게 강요하는 (공허한) '새로운 것을 좋아하는 경향'neophilia, 유행에 대한 공허한 집착과 대조하며 이는 우리의 불안을 증폭시킬 뿐이라고 지적합니다. 현대인들은 강박적으로 이렇게 질문합니다.

나는 충분히 새로운가? 나는 충분히 최신인가?[18]

---

17 Thomas Merton, *Love and Living*, 193~94.
18 위의 책, 195.

이런 질문은 아무런 가치가 없다고 그는 단호하게 이야기합니다. 복음은 결국 거듭남, 새로운 창조, 새로운 형태의 자기 초월, 말과 침묵에 대한 새로운 접근에 관한 것이며, 이는 '나'의 지루함을 자극하고, 알 수 없는 불안에 잠 못 들게 하는 것과는 아무런 관련이 없습니다.

그리스도와 프로메테우스 - 하느님의 관대함

지금까지 모든 내용과 연관된 머튼의 가장 심오한 글은 『말할 수 없는 것에 대한 습격』에 나오는 프로메테우스에 대한 글일 것입니다.[19] 여러분도 아시다시피, 프로메테우스는 하늘에서 불을 훔쳐 영원한 고통의 형벌을 받는 고전적인 영웅입니다. 머튼은 이런 프로메테우스의 모습에 우리가 왜 매혹되는지를 성찰합니다. 그에 따르면, 우리가 프로메테우스에 매력을 느끼는 이유는 하느님이 무언가를 숨기고 있다고 가정하고, 하느님이 무언가를 하게끔 만들어야 한다고 여기며, 어떤 위대한 영웅이 하느님에게 가서 우리가 필요한 것을 얻어야 한다고 생각하기 때문입니다. 물론, 이 영웅주의, 프로메테우스의 투쟁에는 일말의 진실이 있습니다. 우리가

---

19 Thomas Merton, *Raids on the Unspeakable*, 79~88.

우리 자신이 되기 위해서는 위험을 무릅쓰고 모험을 감행해야 한다는 부분 말입니다. 하지만 아이러니하게도 하느님에게서 우리 삶에 필요한 무언가를 얻어내는 데 있다고 상상해서는 이를 이룰 수 없습니다. 죄책감, 좌절감, 반항심, 두려움에 사로잡힌 프로메테우스는 자기 자신을 내세우려 하지만 실패합니다. 그리고 이를 신비주의로 둘러쌈으로써 자신의 패배를 사람들이 영광처럼 여길 수 있게 한다고 머튼은 지적합니다. 프로메테우스가 얽히려 하는 거짓 신에서 벗어나 참된 하느님이 하시는 일을 생각하면, 예수 그리스도의 이야기는 프로메테우스 이야기의 거울상, 뒤집은 심상이라고 말할 수도 있습니다. 하늘에서 불을 훔쳐, 스스로 은총을 베풀고 관대한 신이 되기 위해 대담하게 나서는 영웅이 아닌 무한자의 선물인 은총과 관대함을 인간의 모습으로 구현한 인물이 바로 여기에 있습니다.

십자가에 달린 그리스도와 코카서스 산 쇠사슬에 묶인 프로메테우스는 매우 유사해 보인다. 하지만 프로메테우스는 하느님이 애초에 주시기로 정하신 것을 훔치기 위해 하늘로 올라간다. 그러나 하느님의 풍요로움과 프로메테우스의 가난을 모두 지니신 그리스도는 프로메테우스가 필요로 하는 불을 자신의 마음에 품고 내려오셨다. 그리고 도둑인 프로메테우스 옆에서 죽음을 맞이하셔서 하느님께서는 좋은 것을 홀로 간직하려 하시지 않음을 보여주셨다. 살아 계신 하느님께서는 신성한 불을 찾으려 하는 이들을 죽이지 않으신다. 오히려 인간이 받도록, 예정된 것을 받을 수 있도록 친히 죽음을 통과하신다.[20]

프로메테우스에 관한 이 글에는 머튼의 가장 위대한 신학적 성찰이 담겨 있으며 지금보다 훨씬 더 주목할 만한 가치가 있습니다. 우주 비행사가 아내와 이야기를 나누거나, 예루살렘의 아이히만에 관한 이야기와 거리가 멀어 보일 수도 있지만, 그 연관성은 분명합니다. 우리가 그리스도인으로서 말하는 하느님이 하느님이시라면, 또한 전통적인 그리스도교 신앙을 지닌 모든 사람이 말하는 하느님이 진실로 하느님이시라면, 그 하느님은 우리를 두려워하지 않으십니다. 그분이 우리를 두려워하지 않으시기에 그분은 우리와 함께 말씀하시기도 하고, 침묵하시기도 합니다. "하느님께서는 말씀하실 때 너무나 침묵하시기에, 우리의 시선에 그분의 말씀

---

20   Thomas Merton, *Raids on the Unspeakable*, 87~88.

은 아무 말씀도 하지 않으시는 것처럼 보인다"는 머튼의 말을 기억하십시오. 우리를 두려워하지 않으시고, 우리에 대해 불안해하지 않으시는 하느님 안에, 말과 침묵이 함께 엮여 있음을 이해한다면, 수많은 것으로 엉켜있는 우리 자신이 그 엉킴으로부터, 두려움으로부터, '나'만을 보호하려는 이성으로부터 벗어남을, 그것들로부터 벗어난다 할지라도 우리는 파괴되지 않음을 깨닫기 시작할 것입니다. 머튼은 바로 이런 신비로 우리를 초대합니다. 이 신비에 기대어, 또 이 신비를 향해 우리는 앞으로 내딛는 법을 익히며, 삶을 이루는 무수한 교차로를 살아가는 법을 익힙니다. 침묵, 관조하는 삶을 향한 피비린내 나는 훈련, 아무 말도 하지 않고 가만히 앉아 경청하기, 지속적이고 진실하며 창조적인 관계 맺기, '나'의 눈에 기이하기 짝이 없어 보이는, 좀처럼 이해되지 않는 이들과의 관계를 세상에서 구축하는 행동, 우리의 말을 진부하고 정적으로 만들고 사회가 계속 불안에 떨게끔, 그리고 스스로 파괴를 일삼게끔 만들려 하는, 그러한 방향으로 공적 영역과 공적 담론의 모든 측면에 압력을 가하는 사회에 대한 저항까지, 이 모든 길로 머튼은 우리를 이끌었고, 여전히 이끌고 있습니다. 1960년대 그가 이러한 문제에 관해 쓴 수많은 글은 북대서양 문명 중에서도 독성이 강하고 파괴력 있다고 간주한 것들이 그 어느 때보다 온 세계에 스며들고 있는 요즘 더 강한 호소력을 지니고 있습니다. 그렇다면 하느님을 바라보는 것을 지향하는 삶, 그분의 정의를 따르는 삶을 살려는 신앙인으로서 우리는 무엇을 해야 할까요? 정의에 대해 이야기할 수도 있고, 평화에 대해 이야기할 수도 있을 겁니다(그리고 그러고 있다고 믿습니다). 하지만 궁극적으로 우리가 말하는 정의와 우리가 추구하는 평화는 머튼이 이야기한 깊은 변화, 즉 우리의 말하기와 침묵의 변화, 무한하고 형언할 수 없는 말씀을 듣는 참된 침묵 속에서 일어나는 변화, 하느님께서 빚어내시는, 그분의 순수한 선물인 변화에 닻을 내려야만 합니다. 관조는 행동하지 않음에 대한 변명이 될 수 없으며, 행동은 관조하지 않음에 대한 변명이 될 수 없습니다. 머튼의 탁월한 점 중 하나는 둘을 분리하는 진부한 방식을 거부했다는 점에 있습니다. 지금도 그의 글들은 이 둘을 분리하지 않는 가운데 우리가 거듭 다시 생각하게 하도록, 궁극적으로는 하느님의 성품을 깊이, 뜨거운 마음으로 깨닫고 믿도록 우리를 부르고 있습니다.

| 토머스 머튼 저서 목록 |

■ **자서전**

· **The Seven Storey Mountain** (New York: Harcourt Brace, 1948)『칠층산』(바오로딸)

· **The Sign of Jonas** (New York: Harcourt Brace, 1953)『토머스 머튼의 영적 일기: 요나의 표징』(바오로딸)

· **Day of a Stranger** (Salt Lake City: Gibbs M.Smith, 1981)

■ **성서**

· **Bread in the Wildness** (New York: New Directions, 1953)

· **The Living Bread** (New York: Farrar, Straus & Cudahy, 1956)

· **Praying the Psalm** (Collegeville, Minn.: Liturgical Press, 1956)『가장 완전한 기도: 시편으로 바치는 기도』(성바오로 출판사)

· **He is Risen** (Niles, IL: Argus Communications, 1975)

· **Opening the Bible** (Collegeville, Minn.: Liturgical Press, 2000)『성서를 열다』(비아)

· **Notes on Genesis and Exodus, ed. Patrick F. O'Connell** (Eugene, OR: Cascade Books, 2021)

■ **전기**

· **Exile Ends in Glory: The Life of a Trappistine, Mother M. Berchmans. O.C.S.O** (Milwaukee: Bruce, 1948)

· **What are these Wounds?: The Life of a Cistercian Mystic, Saint Lutgarde of Aywières** (Milwaukee: Bruce, 1950)

· **The Last of the Fathers: Saint Bernard of Clairvaux and the Encyclical Letter, Doctor Mellifluus** (New York: Harcourt Brace, 1954)

■ 관상, 단상

· **Seeds of Contemplation** (New York: New Directions, 1949) 『명상의 씨』(가톨릭 출판사)

· **Ascent to Truth** (New York: Harcourt, Brace, 1951) 『십자가의 성 요한과 진리의 산길』(바오로딸)

· **Disputed Questions** (New York: Farrar, Straus & Cudahy, 1960)

· **New Seeds of Comtemplation** (Norfolk, Conn: New Directions, 1962) 『새 명상의 씨』(가톨릭 출판사)

· **Raids on the unspeakable** (New York: New Directions, 1966)

· **Conjectures of a Guilty Bystander** (Garden City, N.Y.: Doubleday, 1966) 『토머스 머튼의 단상: 통회하는 한 방관자의 생각』(바오로딸)

· **Contemplative Prayer** (New York: Herder And Herder, 1969) 『마음의 기도』(성바오로 출판사)

· **Contemplation in a World of Action** (Garden City, N.Y.: Doubleday, 1971)

· **Ishi Means Man: Essays on Native Americans** (Greensboro, N.C.: Unicorn Press, 1976)

· **What is Contemplation?** (Springfield: Templegate Publishers, 1981) 『명상이란 무엇인가』(가톨릭 출판사)

· **The Literacy Essays of Thomas Merton, ed. Brother Patrick Hart** (New York:

New Directions, 1981)

· **Honorable Reader: Reflections on My Work, ed. Robert E. Daggy** (New York: Crossroad, 1989)

· **Thomas Merton In Alaska: The Alaskan Conferences, Journals, and Letters** (New York: New Directions, 1989)

· **The Inner Experience: Notes on Contemplation, ed. and with an Introduction by William H. Shannon**(New York: HarperSanFrancisco, 2004) 『토머스 머튼의 묵상의 능력』(두란노)

■ 동양 사상

· **The Way of Chuang Tzu** (New York: New Directions, 1965) 『토머스 머튼의 장자의 도』(은행나무)

· **Mystics and Zen Masters** (New York: Farrar, Straus, Giroux, 1967) 『신비주의와 선의 대가들』(고려원미디어)

· **Zen and the Birds of Appetite** (New York: New Directions, 1968) 『선과 맹금』(성바오로 출판사)

■ 일기

· **The Secular Journal of Thomas Merton** (New York: Farrar, Straus, Giroux, 1959)

· **The Asian Journal** (New York: New Directions, 1973)

· **Woods, Shore, Desert: A Notebook** (Santa Fe: Museum of New Mexico Press, 1982)

· The Other Side of the Mountain: The Story of a Vocation: Journals of Thomas Merton, vol. 1, 1939-1941, ed. Patrick Hart, O.C.S.O (SanFrancisco: HarperSanFrancisco, 1995)

· Entering the Silence: Becoming a Monk and Writer: Journals of Thomas Merton, vol. 2, 1941-1952, ed. Jonathan Montaldo (San Francisco: HarperSanFrancisco, 1996)

· A Search for Solitude: Pursuing the Monk's True Life: Journals of Thomas Merton, vol. 3, 1952-1960, ed. Lawrence S. Cunningham (SanFrancisco: HarperSanFrancisco, 1996)

· Turning Toward the World: The Pivotal Years: Journals of Thomas Merton, vol. 4, 1960-1963, ed. Victor A. Kramer (San Francisco: HarperSanFrancisco, 1996)

· Dancing in the Water of Life: Seeking Peace in the Hermitage, Journals of Thomas Merton, vol. 5, 1963-1965, ed. Rober E. Daggy (SanFancesco: HarperSanFrancisco, 1997)

· Learning to Love: Journals of Thomas Merton, vol. 6: 1966-1967, ed. by C.M.Bochen (San Francisco: Harper Collins, 1997)

· The Intimate Merton: His Life from His Journals, ed. Jonathan Montaldo and Patrick Hart (NY: HarperOne, 1999) 『토머스 머튼의 시간: 일기로 읽는 토머스 머튼의 전기』(바오로딸)

■ 편지

· The Hidden Ground of Love: The Letters of Thomas Merton on Religious Experience and Social concerns, selected and edited by William H.Shannon (New York: Farrar, Straus, Giroux, 1985)

· The School of Charity: Letters on Religious Renewal and Spiritual Direction, ed. Patrick Hart (New York: Farrar, Straus, Giroux, 1990)

· The Courage for Truth: The Letters of Thomas Merton to Writers, ed. C.M.Bochen (New York: Farrar, Straus, Giroux, 1993)

· Witness to Freedom: Letter of thomas Merton in Times of Crisis, ed. William H. Shannon (New York: Farrar, Straus Giroux, 1994)

· Seeking Paradise: The Spirit of the Shakers, ed. Paul M. Pearson (Maryknoll, NY: Orbis Books, 2003)

· Cold War Letters, ed. C.M.Bochen and William H. Shannon (Maryknoll, NY: Orbis Books, 2006)

· Thomas Merton: A Life in Letters: The Essential Collection, ed. C.M.Bochen and William H. Shannon (Notre Dame, Ind.: Ave Maria Press, 2008)

· Compassionate Fire: The Letters of Thomas Merton & Catherine de Hueck Doherty, ed. Robert A. Wild (Notre Dame, Ind.: Ave Maria Press, 2009)

· The Letters of Thomas Merton and Victor and Carolyn Hammer: Ad Majorem Dei Gloriam, ed. F. Douglas Scutchfield, Paul Evans Holbrook Jr. (Lexington: The University Press of Kentucky, 2014)

■ 수도원, 교회, 영성

· **The Waters of Siloe** (New York: Harcourt Brace, 1949)

· **No Man is an Island** (New York: Harcourt Brace, 1955) 『인간은 섬이 아니다: 토머 스 머튼의 사랑에 이르는 길』(성바오로 출판사)

· **The Silent Life** (New York: Farrar, Straus & Cudahy, 1957)

· **Thoughts in Solitude** (New York: Farrar, Straus & Cudahy, 1959) 『고독 속의 명상』(성 바오로 출판사)

· **The Wisdom of the Desert: Sayings From the Desert Fathers of the Fourth Century** (New York: New Directions, 1960) 『토머스 머튼이 길어낸 사막의 지혜』(바 오로딸)

· **Spiritual Direction and Meditation** (Collegeville, Minn.: Liturgical Press, 1960) 『영적 지 도와 묵상』(성바오로 출판사)

· **The New Man** (New York: Farrar, Straus & Cudahy, 1961)

· **Life and Holiness** (New York: Herder And Herder, 1963) 『삶과 거룩함』(생활성서)

· **Seasons of Celebration** (New York: Farrar, Straus Giroux, 1965)

· **Cistercian Life** (Cistercian Book Services, 1974) 『침묵속에 하느님을 찾는 사람들: 트라피스트 수도생활』(분도 출판사)

· **The Monastic Journey, ed. by Patrick Hart** (Missio, KS: Sheed, Andrews & McMeel, 1977; republished, Kalamazoo, MI:Cistercian, 1992)

· **Thomas Merton: Spiritual Master: The Essential Writings, ed. Lawrence S. Cunningham** (Mahwah, N.J.: Paulist Press, 1992)

· **Love and Living, ed. by Naomi Burton Stone and Patrick Hart** (New York: Hartcourt Brace, 1979)

· **Introductions East & West: the foreign prefaces of Thomas Merton, ed. Robert E.Daggy** (Greensboro, N.C.: Unicorn Press, 1981)

· **Cassian and the Fathers, ed. Patrick F. O'Connell** (Collegeville, Minn.: Liturgical Press, 2005)

· **Pre-Benedictine Monasticism, ed. Patrick F. O'Connell** (Collegeville, Minn.: Liturgical Press, 2007)

· **An Introduction to Christian Mysticism, ed. Patrick F. O'Connell** (Collegeville, Minn.: Liturgical Press, 2008)

· **The Rule Of Saint Benedict: Initiation into the Monastic Tradition, ed. Patrick F. O'Connell** (Collegeville, Minn.: Liturgical Press, 2009)

· **Monastic Observances: Initiation into the Monastic Tradition, ed. Patrick F. O'Connell** (Collegeville, Minn.: Liturgical Press, 2010)

· **The Life of the Vows: Initiation into the Monastic Tradition, ed. Patrick F. O'Connell** (Collegeville, Minn.: Liturgical Press, 2012)

· **The Cistercian Fathers and Their Monastic Theology: Initiation into the Monastic Tradition, ed. Patrick F. O'Connell** (Collegeville, Minn.: Liturgical Press, 2016)

· **Cistercian Fathers and Forefathers: Essays and Conferences, ed. Patrick F. O'Connell** (New York: New City Press, 2018)

· **Medieval Cistercian History: Initiation into the Monastic Tradition, ed. Patrick F.**

O'Connell (Collegeville, Minn.: Liturgical Press, 2019)

■ 소설

· **My argument with the Gestapo** (Garden City, N.Y.: Doubleday, 1969)

■ 시

· **Thirty Poems** (New York: New Directions, 1944)

· **A Man in the Divided Sea** (Norfolk, Conn: New Directions, 1946)

· **Figures for an Apocalypse** (NorFolk, Conn.: New Directions, 1948)

· **Tears of the Blind Lions** (New York: New Directions, 1949)

· **The Strange Islands** (New York: New Directions, 1957)

· **Emblems of a Season of Fury** (New York: New Directions, 1963)

· **Cables to the Ace** (New York: New Directions, 1968)

· **Monks Pond** (Lexington, Kentucky: The University Press of Kentucky, 1968)

· **The Geography of Lograire** (New York: New Directions, 1969)

· **In the Dark Before Dawn: New Selected Poems, ed. Lynn R. Szabo** (New York: New Directions, 2005)

■ 사회 문제

· **Seeds of Destruction** (New York: Farrar, Straus Giroux, 1964)

· **Gandhi on Non-Violence** (New York: New Directions, 1965)

· Faith and Violence: Christian Teaching and Christian Practice (Notre Dame, Ind.:
  University of Notre Dame Press, 1968)

· Dialogues with silence, ed. Johathan Montaldo (New York: HarperSanFrancisco, 2001)

· Peace in a Post-Christian Era, ed. Patricia A. Burton (Maryknoll, NY: Orbis Books,
  2004)『머튼의 평화론』(분도 출판사)

■ 사진집

· Beholding Paradise: The Photographs of Thomas Merton, ed. Paul M. Pearson
  (Mahwah, N.J.: Paulist Press, 2020)

성서를 열다

- 우리에게 다가오는 불가해한 세계 앞에서

초판 발행 | 2024년 3월 15일
    2쇄 | 2024년 7월 5일

지은이 | 토머스 머튼
옮긴이 | 정다운

발행처 | 타임교육 C&P
발행인 | 이길호
편집인 | 이현은
편　집 | 민경찬 · 정다운
검　토 | 손승우 · 윤관
제　작 | 김진식 · 김진현
재　무 | 황인수 · 이남구 · 김규리
마케팅 | 이태훈 · 민경찬
디자인 | 손승우

출판등록 | 2020년 7월 14일 제2020-000187호
주　소 | 서울시 강남구 봉은사로 442 75th Avenue 빌딩 7층
주문전화 | 02-590-9842
이메일 | viapublisher@gmail.com
ISBN | 979-11-93794-09-8 (03230)
한국어판 저작권 ⓒ 2024 타임교육C&P